Illustrated British Butler

管家日記

揭示英國上流貴族的黑色面紗

村上理子

楓樹林

刀具拋光粉的廣告。餐桌準備好了之後，女主人和管家正在對此進行討論。

序章 管家的幻象

尋求男性僕人的真實形象

二〇一一年春天，我出版了貓頭鷹之書系列的其中一本《女僕的祕密生活》（臺灣為PCuSER電腦人文化出版），揭示100年前英國的女性家事僕人，也就是女僕的真實情況和感受。本書為其姊妹書——或者應該說是姊弟書，以「管家」為代表，探究男性家事僕人的生活。

不過我坐下來開始整理資料後，便感到不知所措——儘管在主流歷史及藝術世界中僕人這個角色幾乎被人忽視，但是當代有許多描繪女僕的圖畫，甚至無法將之完全收錄進一本書中。可是談到男僕，尤其是以高級「管家」為主角的圖畫時，資料卻超乎想像地少。

延續上一本著作，本書圖畫的主要參考來源之一也來自於《潘趣》（Punch）雜誌的木刻版畫。這是一本從一八四一年至一九九二年，持續了超

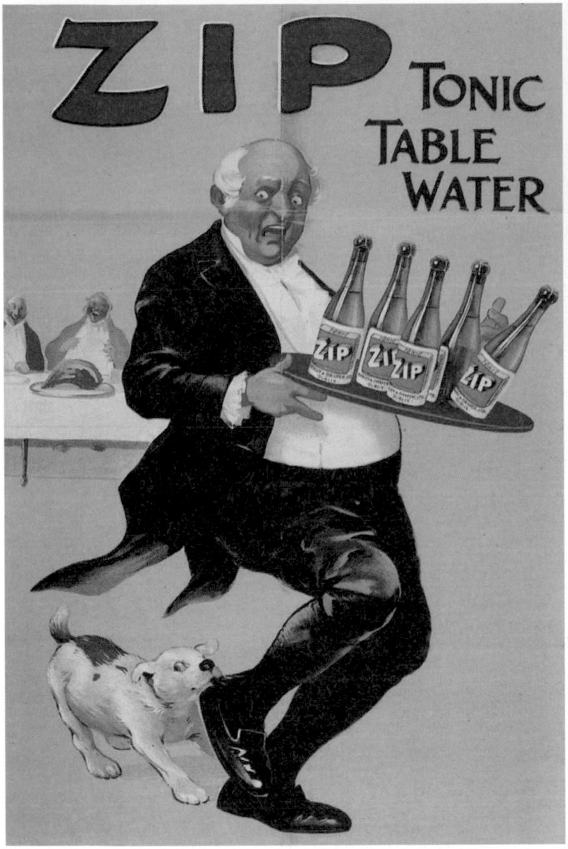

1907年瓶裝通寧水的廣告。提供酒類及飲料是管家的工作。

克里斯多福・理查・韋恩・內文森（Christopher Richard Wynne Nevinson）於1918年創作的諷刺肖像畫〈西特維爾家管家亨利・莫特〉（又名〈他賺得財富卻失去兒子〉）。紳士模樣的管家身後掛著每天困擾他的僕人呼叫鈴，以及他在戰爭中喪生的兒子肖像。

用來舉行《潘趣》雜誌編輯會議的「Punch桌」，也被稱為「桃花心木桌」。林利・桑伯恩（Linley Sambourne）於1891年創作的封面插畫。

過150年的諷刺漫畫雜誌，切入當時政治及社會議題的同時，關注人們切身的家庭問題，十分受歡迎。雖然被改編成漫畫，且大幅扭曲事實，卻是瞭解過去英國社會狀態的絕佳視覺資料。

舉例來說，讓我們快速瀏覽一下這本《潘趣》從一八九〇年開始為期3年的合訂本。其中描繪女僕的圖畫，1年內有5～8幅；管家卻只有登場過3次，有幾年還完全沒有被描繪。

管家漫畫會如此少的原因之一，可能是因為《潘趣》是在男性主導的社會中製作而成。據說直到20世紀前首相柴契爾夫人以嘉賓身分出席之前，傳統上是禁止女性參加每週一次的餐會兼編輯會議的。由於這是站在男性角度發聲的媒體，描繪一個美麗女士或可愛女僕，可能會比描繪一個難看的老管家來得有趣。

另一種可能性是，不管在藝術家或大多數讀者的家中都沒有管家。《潘趣》的主要讀者群，是支持英國維多利亞時代繁榮的新興中產階級。

不過，與薪資低廉的年輕女僕相比，要持續雇用經驗豐富的成年男性是很困難的事，除非是財力雄厚的貴族或非常富有的人。從一九〇一年開始，成為《潘趣》首席插畫家的林利・桑伯恩家中，也僅有女廚師、家庭女僕（House Maid）、客廳女僕（Parlourmaid）、保姆（Nursery Maid），並沒有雇用常駐家中的男性僕人。男性工作人員只有在獨立馬廄裡的馬匹照顧員、臨時雇用的園丁，以及在晚宴時召喚的幫手。

沃爾特・丹比・薩德勒（Walter Denby Sadler，1854～1923年）創作的〈管家的酒杯〉。管家與葡萄酒的關係密不可分。

根據一八八一年的人口普查，英國和威爾斯大約有123萬名室內女性家事僕人；另一方面，不包括車夫及園丁在內的室內男性家事僕人為5萬6千人，可見女性人數是男性的22倍。也就是說，絕大多數的女性會從事女僕工作，但是男性中只有少數人會選擇擔任管家這類工作。

讓人充滿想像的管家

現代電影或文學中出現管家這個角色時，眾人腦海中往往都會浮現身穿黑色燕尾服、舉止優雅內斂、說話輕聲細語的男性形象，以一九三〇年代貴族宅邸為舞台的電影《長日將盡》就是一個典型例子。這段時間大概是從維多利亞時代到20世紀初，即使故事發生在現代，也會讓人感受到往日美好時光的氛圍——更確切來說，會令人恍若融入在這種氛圍中並佇足良久。然而，根據我們出生的地位或階

威廉・奎勒・烏節森（William Quillor Orchardson）於1883年創作的〈功利主義的婚姻〉。華麗洋裝、優雅舉止、精緻家具、豐富美食和「管家」，都是過往上流生活的必備品。這幅描繪感情冷淡的夫婦畫作，一推出便大受歡迎。

在博厄姆先生的無趣宴會上，一大群客人聚集到唯一的男僕身邊，問說：「我的馬車還沒到嗎？」取自《潘趣》1886年6月12日。

級，其實根本不太會遇到這種角色。

換言之，雖然英國管家的形象鮮明，但是因其稀有性或配角立場，實際上是很難接觸到的。現在就讓我們利用各種圖像及資料，揭示管家及男性僕人在幻想籠罩下的現實生活吧！

column

英國的階級

英國屬於階級社會。儘管定義及界限隨著時代演變而發生變化，但是階級的存在一直延續到今日。19世紀的維多利亞時代通常分為3個階級，包含上層階級、中產階級、和工人階級。

詹姆斯・蒂索（James Tissot，1836～1902年）於1883～1885年左右創作的〈野心家（政界的貴婦人）〉。

上層階級

上層階級是由貴族和地主組成。原則上靠出租土地賺取收入及利息，無需工作就可以生活。按照傳統，他們在國家高層，包括政治及司法部門，都占有重要地位。

中產階級

中產階級是靠經商謀生的人，實際收入狀況及背景極為廣泛。「中上階級」包括傳統上社會地位崇高的專業人士，諸如神職人員、律師、海軍及陸軍軍官、內科醫生等等，還有以企業家身分致富的人；事務員及公務員等被歸類為「中下階層」，他們肩負著維多利亞時代特有的價值觀，追求高尚、知性、勤奮的生活。

此為休伯特・凡・赫克默（Hubert von Herkomer，1849～1914年）於1891年創作的〈罷工〉。

工人階級

工人階級顧名思義就是透過體力勞動獲得報酬的人，管家及女僕等家事僕人都是屬於這一類。他們收入低下，教育的質和量都不盡人意，被迫過著艱苦的生活。然而，從19世紀末到20世紀之間，隨著公共教育導入、選舉權擴大等等，工人階級的發言權逐漸強大起來。

column
扮成管家的政治家

創刊於1841年的諷刺漫畫週刊《潘趣》的內容廣泛，深受新興中產階級青睞。從創刊之初便備受好評，源起於對時事及政治局勢的尖銳批評，會將當時名人的一舉一動用各種方式畫成漫畫加以嘲諷。其中政治家從神話人物到平民職業的裝扮都有，不過以為國服務觀點來看，似乎最適合管家這個角色。

自由黨首相格萊斯頓（Gladstone，1809～1898年）向英國擬人化女神不列顛尼亞（Britannia）問說：「我可以去休假嗎？」諷刺儘管問題堆積如山，但一到夏天議會還是會休會。取自《潘趣》1871年8月26日。

擔任好幾任部長的威廉・亨利・史密斯（William Henry Smith，1825～1891年），透過鐵路售貨亭連鎖店發了大財。「小姐，您說想吃甜點嗎？可是我們才剛上第二道菜（條款）！」取自《潘趣》1887年4月16日。

主角同樣是格萊斯頓與不列顛尼亞。她說：「等我解決了『帳單』（＊指的是申請書和議案）之後，我就會關閉『宅邸』（＊也意指國會）然後去海灘。」他回說：「知道了，夫人。」然後用專門的器具熄滅了餐桌上的蠟燭。取自《潘趣》1873年7月19日。

史密斯管家被修正案的暴風雨不斷侵襲，狼狽不堪。「如果這種情況再持續下去，我必須堅決提出辭呈！」取自《潘趣》1889年3月30日。

引用自《貝里公爵的豪華時禱書》（1410年代），描繪法國貴族貝里公爵（Duke of Berry）的隆重晚宴場景。坐在天篷下的藍衣男性就是公爵，站在他左後側拿著棍子的人是管家，站在桌子前方的是負責切肉的工作人員與侍者。畫面左側有一個員工正在用金杯試酒，查看是否有毒。

第1章 管家的起源

宏偉的貴族宅邸

本書的目的，是根據各種圖像及資料，針對19世紀後半至20世紀初，闡明英國管家的真實狀態與生活模式。

話雖如此，首先我們必須留意「管家」一詞。英文單字「Butler」大多會翻成管家，但是管家這個相同的翻譯詞有時也意指不同的工作。

在大豪宅屋內工作的男性家事僕人中，「House Steward」、「Butler」、「Valet」有時經由翻譯都會寫成管家。文字具有生命，且工作內容或身分也會隨著時代演變。我們現在便透過大豪宅家事僕人的歷史，來回溯這3種工作的變遷吧！

中世紀的家事僕人

中世紀左右，也就是大約15世紀為止，英國貴族家庭的成員數量比現在多很多，十分熱鬧。並不只是孩子或龐眾多而已，過去寄宿在同一個屋簷下的私人軍隊及家事僕人，無論身分有何差距，也都會被視為「家族」的一員。

在當時，貴族們侍奉國王，騎士及紳士則為身分高的貴族服務。因此，許多貴族紳士都習慣將自己的孩子送進地位較高、有權有勢的家庭裡。換言之，這些本身出自紳士之家的年輕人，會直接住進別人家中，以僕人的身分工作。

查理二世（1660～1685年在位）的用餐場景。國王戴著王冠坐著，可以看到一名侍者跪在他旁邊端酒。

其中，煮飯、洗碗及洗衣等實際用到體力的勞動，都是來自「獨立農民」以下家庭的人負責；良家子女的地位比平民的僕人還高一級，主要擔任和領主一家直接接觸的職務，例如：照顧主人及夫人的個人需求、餐桌服務以及斟酒等等。主人洗手時端著水盆的工作和拿著毛巾的工作，都有明確的區分。每次端出酒水之後都要恭敬地跪下，還要將餐桌上的肉切一小片下來吃，負責試毒。就像這樣，貴族府邸裡充斥著誇張的儀式，這些良家子女出身的年輕人們，便會透過當僕人的經驗學習禮儀並接受教育，有時還會從一同前來工作的異性中尋找結婚對象。不過，當時的貴族家庭都是清一色由男性組成，所以競爭可說是十分激烈。

對於中世紀的人們來說，成為另一個家庭的僕人未必可恥，穿戴主人家徽章及僕人制服闊步前進，反而被視為一種榮譽。可以說，這是一種在危險時期確保家人平安，同時又能開創成功之道的方法。

總管的起源是紳士身分

中世紀的貴族府邸內，甚至會多達100人或200人。為數眾多的僕人各自負責詳細區分的職務，而位在這個複雜組織最頂峰的就是「總管」。

總管不僅會被委託管理家中事務，還要管理整個領地，並負責維持主人的收入。此外，領主們通常握有領地內的司法權，因此總管也要掌管領地審判的事務工作。換言之，中世紀的總管既是僕人的領導者，也是律師。

久而久之，總管開始分擔事務，如領地的管理權由土地總管負責、家中事務的管理權則交到宅邸總管手上，並分頭承繼下去。

從身分地位來看，中世紀的總管肯定是紳士出身，有時甚至是騎士出身。雖為僕人，但是在同僚中算是最高層，與主人的地位差距比較小。甚至有總管和未亡人或府邸千金結婚，成為「一城領主」。

隨著時代演變，主僕身分的鴻溝逐漸加深。到了17世紀，良家子女為其他家族服務的習俗幾乎絕跡。即使有些出身不錯的僕人，他們仍僅止於中產階級，例如商人、神職人員及軍人等等，「紳士的僕人」已然消失無蹤。舉例來說，18世紀初，一位與伯爵家族有關係的男子應徵了公爵家的總管一職，但是據說因為他的家世太好而遭到拒絕。到了18世紀末，「家族」一詞已經不再包括僕人了。

18世紀至19世紀初，貴族的領地盛行大規模改良農耕方式及開發礦山。隨著生產效率大舉提升，傳統體制已經望塵不及，需要能夠勝任大型事業的管理專業人才。因此，他們不再以過去的名稱，諸如土地總管來稱呼，大多改稱為「土地代理人」，或是單純稱作「代理人」。

從總管變成代理人，意味著他們在收入和社會地位方面都大幅升格了。自19世紀中葉以來，代理人一直是需要接受適當教育的專業人士。若是負責管理大貴族的領地，還可能得到比小地主或普通中產階級更高的報酬。

當然，和家僕——也就是總管或管家相比，代理人的地位更高。雖然無法被視為與雇主平起平坐的上流紳士，但是有時候也會獲邀坐在同一張餐桌上。過去終究只是僕人中地位最高的人，後來卻已經晉升為男性主管，或是接近擁有宅邸的神職人員地位了。

往後的時代，當總管一詞前面沒有加上任何詞彙時，多數就是意指「宅邸總管」，而非「土地總管」。直到20

坐在辦公桌的土地代理人通知土地承租人（Tenant）土地租金上漲，但是很容易遭對方推託。取自明信片，1908年郵戳。

世紀之時，這些負責監督僕人、管理家計、掌管家族營運的總管，只有在皇室及上流貴族的豪宅中仍沿用這個名稱。

曾為酒類負責人的管家

「Butler」（一般譯為管家）一詞源自古法語中的「Bouteillier」，意思是「侍酒者」。顧名思義，管家的歷史與酒精飲料息息相關。

中世紀貴族城堡的中央，會有一個天花板挑高、十分巨大的大廳。宅邸主人、同階級的賓客，以及總管在內的高級僕人們，都會聚集在這裡用餐。大廳後牆上會有3座拱門，中央出口是一條通往廚房的通道，緊接著左右兩側的門分別是準備啤酒及蠟燭的「飲料儲藏室（Buttery）」，還有供應麵包的「食品儲藏室（Pantry）」。

順便說明一下，這個食物儲藏室一直延用至今日，不僅在大豪宅中，甚至在都市小型住宅中也都可以看得到。簡而言之，存放麵包及乾貨等食品的小倉庫或櫥櫃，便稱作食物儲藏室。不過，如果Pantry一詞前頭加上幾個字，就會變成「管家的工作室

大豪宅「查茲沃斯莊園（Chatsworth House）」管家的肖像。大概是19世紀中後期的作品。

〈羔羊的婚禮〉（1325～1350年左右）的一部分。3名侍者在送餐，一旁有演奏音樂的僕人。

（Butler's Pantry）」，房間的性質完全不同。顧名思義，這裡不再是存放食品的倉庫，而是變成管家的地盤。管家會率領下屬們，在這個房間進行各種作業，例如保養銀器等等。

將話題拉回到中世紀，飲料儲藏室的負責人就被稱作「Yeoman of the Buttery」或「Butler」，負責管理葡萄酒和啤酒；食品儲藏室的負責人則叫作「Yeoman of the Pantry」或「Panter」，負責管理麵包、鹽及餐具。到17世紀，這兩種職務逐漸合併成管家，同時還要負責其他工作。

Butler和Panter的出身階級，與上述的總管不同，並不是紳士。這種情形到了後世依舊是如此，不過管家在家僕當中的地位卻出現了重大變化。在以往的中世紀，管家只是一些作業室的領導者，並沒有享有直接服侍主人的榮幸。然而彷彿是為了填補「出身紳士的僕人」所造成的空缺，管家的地位逐漸上升。在沒有總管的家庭中，管家也會吸收這些工作，最終變成家中僕人的最高層。

在600年前的貴族府邸中，管家是負責酒類飲品及餐具的中階主管。不過從19世紀到20世紀，他們的後代不僅承繼了葡萄酒窖和保養銀器等作為主要職責，負責領域還擴大到擔任侍者、接待客人、從事人事及會計事務，占據了舉足輕重的地位。儘管同樣被稱作管家，但是他們的地位和負責工作卻隨著時間演變而起了變化。

主人已經換上晚禮服，隨侍就在身旁舉著外出要穿的外套。此為20世紀初之貌。

隨從在紳士旁的紳士

管家負責照顧整個家庭，而隨侍原則上則是負責照顧一位主人。貴族向周圍的人展示自己權勢的方法無奇不有，其中一種奢侈的方法就是擁有個人專屬的僕人，例如：由女性擔任的侍女、由男性擔任的隨侍。這些人負責的工作就是整理主人的衣著、鬍鬚及儀表。

隨侍還有一個別名，稱作「隨從在

紳士旁的紳士」。這其實類似禮貌上的敬稱，因為至少在19世紀或20世紀時，隨侍根本不具有紳士的身分。但是，如果回溯到中世紀時代，領主身邊的確有所謂「Chamberlain」的紳士僕人，負責主人的衣服與私人房間。在他手下還會有名為「Yeoman of the Chamber」的工作人員，負責為主人刷衣服、整理鞋襪、天冷時在火邊暖內衣這類的工作。而Chamberlain手下的這些人，被視為日後隨侍的起源。

17世紀左右，英國的大豪宅深受法國文化的影響，從房間名稱到飲食習俗，都有許多法語融入其中。據推測，此時「Yeoman of the Chamber」改名成了具法語風格的「Vallée de Chambre」，久而久之後半部分被人省略，固定成為英語單字「Valet」。

Valet除了隨侍之外，有時也會翻譯成管家、僕從、近侍等等。而且有時候僕從一詞也相當於英文單字的Footman。為了避免混淆，本書並不使用僕從一詞。

總而言之，管家被賦予了各種翻譯以及五花八門的形象。在接下來的章節中，我將詳細探討他們實際在執行的工作內容、每天經歷的事情，以及其形象背後的心情。

「Chamberlain」試著讓主人穿上襪子。1320年。

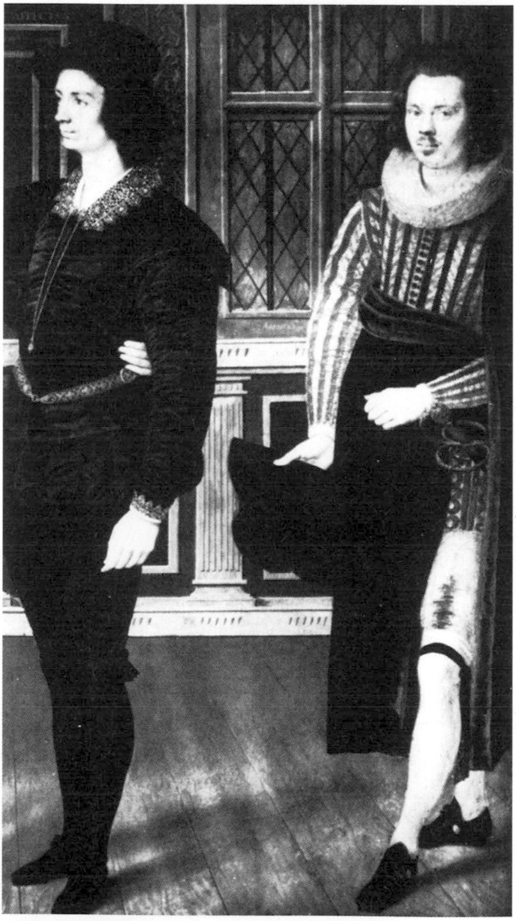

艾薩克・奧利弗（Isaac Oliver）於1598年創作的〈布朗兄弟〉部分。16世紀的隨侍（右）身穿比主人過時的衣領與圍裙。

column

主要家事僕人一覽表

「奧德莉莊園（Audley End）」宅邸的僕人，1925年。2名家庭女僕的中間站著廚師。左邊的男子是車夫，右邊的是司機。其他人可能是園丁或馬廄員工。

男性僕人

總管（House Steward、Steward）

家僕中最高層，負責雇用和解雇工作人員，但不包括主人的貼身僕人。需記帳並支付帳單，還會幫主人代筆寫信、安排旅行，以及指揮全家人搬遷移居。只有規模龐大的家庭才會設置這個職位。

管家（Butler）

負責管理酒類飲品、監督男性下屬，並提供餐桌服務及管理銀器。在沒有總管的家族中，管家需負責人事和會計工作。總管和管家幾乎不會同時存在，不過會有在總管之下設置下級職位的情形，如：負責銀器的下級管家、管理酒水的葡萄酒管家。

客廳男僕（Groom of the Chamber）

負責會客室美觀、接待客人、為客人帶路至會客室或寢室等、調整坐墊或椅子的位置、為書桌台補充備用文具。大致都是禮儀性職務，只有規模龐大的家族才有。

隨侍（Valet）

照顧男主人隨身事務的貼身僕人，負責管理服裝、打包行李、偕同出國旅行，所以不僅要熟悉時間表，還要具備一些外語能力。多數會身兼二職，同時擔任管家。

男僕（Footman）

穿著華麗僕人制服，負責招待客人、陪同乘坐馬車外出、提供餐桌服務。不需服務客人時，就和管家一起保養銀器。

家童（Hall Boy）、童僕（Page Boy）等

年輕男孩的見習工作。搬運重物，從事骯髒的工作，例如：擦鞋或磨刀等等。童僕會穿著獨特的僕人制服，上面有許多鈕釦，所以也稱作「Buttons」。

車夫（Coachman）、馬夫（Groom）

車夫會操控私人馬車，並負責保養馬車。載著主人外出時會身穿僕人制服，也會扮演禮儀方面的角色。馬夫則是負責照顧和訓練馬匹的員工。

園丁（Gardener）

維護菜園、溫室及果園，並為廚房提供自產蔬菜及水果，也會製作裝飾用的花材。比較大的家族會用數十名學徒當下屬。

獵場看守人（Game Keeper）

狩獵鳥類及動物的地方即稱為「獵場」。獵場看守人會負責大規模飼養狩獵時要釋放的雉雞等動物，並且在獵場巡邏、驅逐盜獵者。此外，也會在狩獵的日子偕同並提供支援。

車夫的僕人制服。帶羽毛的高頂禮帽加上靴子。

車夫的外套。馬車的車夫座位會被風吹雨打，需要保暖的衣物。

1881年左右男性僕人的特別訂製服裝。男僕大致上的正式服裝特徵，是臀部上也會有金屬鈕釦。

女性僕人

女管家（House Keeper）

統籌家中女性僕人，負責管理亞麻織品與陶瓷器、採購和發放生鮮食品以外的日用品。底下會有負責打掃的一群女僕。此外，有些家族還設有配備爐灶和水槽的小廚房，稱作蒸餾室（Still Room），女管家和蒸餾室女僕會在此準備茶、咖啡、輕食、製作果醬或醃漬菜。

廚師（Cook）

底下會有廚房女傭作為助手，為家族成員準備餐點，需採購食材並付款。許多家族中，廚師都是薪資低廉的女性。在廚房旁邊的洗碗間，會有洗碗女僕忙著洗碗。

侍女（Ladies Maid）

女性的貼身女僕。負責打理禮服、綁頭髮和一般美容。

保姆（Nanny）

負責照顧孩子，其率領的下屬被稱作兒童房女僕或育兒女僕（Nursery Maid）。

客廳女僕（Parlour Maid）

負責接待客人。在規模較小、沒有管家或男僕的家族裡，會接手他們部分的工作。

阿爾弗雷德・愛德華・艾姆斯利（Alfred Edward Emslie，1848～1918年）的〈哈多之家的晚餐〉，1884年。女主人亞伯丁（Aberdeen）伯爵夫人坐在前方，首相格萊斯頓坐在她的右側，共享一場金光閃閃的晚宴。

第2章

主人的生活

管家眼中的上流生活

「這個新世界令我著迷不已。當我回過神時，我已經踏入一個上流社會、政治世界、鄉村日子與家庭生活交織在一起的地方。起初的一兩個月，我根本沒時間思考。除了在來往聖詹姆斯廣場（St. James's Square，阿斯特家在倫敦的聯排別墅）和克萊夫登（Cliveden，同為阿斯特家主要住宅的鄉村別墅）的火車當中，我連一個小時的休息時間都沒有。」

（埃德溫・李〔Edwin Lee〕，自一九一二年開始為阿斯特家服務了51年的時間。）

埃德溫・李以第一男僕的身分進入阿斯特家生活時，頭兩個月都因主人夫妻過於活躍的生活模式而感到頭暈眼花。上述中提到的「新世界」，指的正是主人瓦爾多夫・阿斯特（Waldorf Astor）先生和他的妻子南西（Nancy）身處的空間。

在他短短的幾句話中，似乎便濃縮

了英國上流社會人士的所有行為。後來阿斯特繼承了父親的爵位，與南西成為子爵和子爵夫人。阿斯特是貴族首領和參議員，南西則是眾議員，這對夫妻的生活可說是在倫敦的社交圈、政治界與鄉村豪宅之間來來去去。

只不過，要是被有如半退隱的老人

約克夏郡的大豪宅「霍華德城堡（Castle Howard）」因巴洛克風格而聞名，曾經是卡萊爾伯爵（Earl of Carlisle）家的主要據點。

雇用、成為家中唯一男僕的話，不但訪客稀少，每天的日子也會一成不變。有些隨侍會陪同出手闊綽的主人前往海外度假勝地，享受夜晚的娛樂活動。要是跟著經常橫渡大西洋的商人，每天就會一直在旅行。如果成為一座邊境城堡的管家，主人一年只來幾週的話，主人不在的其他時間就只能「看家」了。

過去包含管家在內的男性家事僕人，是貴族、地主和大富豪企業家等人才能雇用的「奢侈品」。而這些象徵奢華生活的管家及男僕的個人生活時間，大部分都取決於主人的收入多寡和生活模式。因此，在深入介紹僕人的生活實況之前，要先探究一下他們的主人——「備有管家的貴族家庭」整年的生活循環模式。

春天——倫敦社交時期之始

春天到初夏屬於社交季節。自維多利亞時代到20世紀前半葉，為配合每年二月的議會開會時間，部分貴族會慢慢聚集至倫敦，這可視為社交時期的預兆。順帶一提，現代的會期是從十一月至隔年十一月，為期1年。

那麼，為什麼社交時期會與議會開會時間有關呢？這是因為貴族無關是否要認真參與議會，他們自然而然就在上議院占有席位。擁有席位的貴族有5種稱號，從上開始為公爵、侯爵、伯爵、子爵和男爵。接下來是從男爵和騎士，但是最後二者嚴格來說不能稱為貴族，並且在上議院沒有席位。如果想用從男爵、騎士或其他平民的身分參與政治的話，必須在下議院參加選舉並獲選才行。

貴族的政治活動在傳統上是沒有報酬的。一般認為他們具有收入來源，足以不必工作就能過著優雅的生活。在這個前提之下，他們也不會只為了賺錢而涉足商業行為。

雖說議會的開會時間象徵著社交時期開始的徵兆，但是真正的社交時期此時尚未展開。19世紀後半葉以後，

column

克萊夫登和 阿斯特子爵家族

克萊夫登周圍環繞著廣闊的土地。由設計倫敦國會議事堂而聞名的查爾斯・帕里（Charles Parry）改建而成。

阿斯特子爵家在倫敦聯排別墅中的餐桌。夫人堅持要將椅子盡量緊靠著排列，認為這樣會讓交談更熱絡，但是負責服務的男僕似乎感到十分困擾……

自1912年到1960年代為止，一直在克萊夫登工作的管家埃德溫・李，以宅邸為背景。

17世紀的狩獵別墅

克萊夫登鄉村別墅至今仍矗立在白金漢郡，從倫敦開車約需40分鐘。建於17世紀，為白金漢公爵（Duke of Buckingham）的度假別墅，19世紀末被德裔美國富豪阿斯特家族以巨資購買。這位阿斯特先生後來受封子爵，1906年將宅邸贈予其子瓦爾多夫・阿斯特。第二代子爵和其妻南西皆為保守黨政治家，便以此處為舞台展開活動。

第二代子爵逝世，長男威廉・阿斯特（William Astor）繼承宅邸。後來這棟房子成為「普羅富莫事件（Profumo Affair）」的事發地點，引起全英國矚目。陸軍大臣普羅富莫與妓女克莉絲汀・基勒在克萊夫登相會，而克莉絲汀與一名蘇聯高級軍官認識，因而遭人懷疑洩漏機密。現在的克萊夫登已經變成一家豪華鄉村別墅飯店並對外營運。

女僕撰寫的回憶錄

服侍阿斯特子爵夫人南西的女僕羅西娜・哈里森（Rosina Harrison），出版了一本描述她與夫人生活的書籍《羅西：我的服務生涯》（Rose: My Life in Service，1975年）。這本自傳大賣後，她彙整過去一同工作的男性僕人們的回憶，推出《隨從在紳士旁的紳士們》（Gentlemen's gentlemen: My friends in service，1976年）。

本書中介紹的戈登・格里梅特、埃德溫・李、查爾斯・迪恩、喬治・華盛頓、彼得・懷特利這5人的經驗談及插圖，主要便引用自哈里森的《隨從在紳士旁的紳士們》。

上流社會從冬天到早春為止，流行滯留在坎城或比亞里茨等南歐的避寒勝地。待春天到訪、三月或四月的復活節一過，進入五月之後，社交時期才會迎來高峰期。

根據後來成為英國首相的邱吉爾母親倫道夫・邱吉爾夫人（Lady Randolph Churchill）回憶，一八八〇年代的十月到二月，倫敦是一片「沙漠」。但是一到五月一日，市中心的高級住宅區就會同時裝點上鮮花，恢復生機。

「晚宴、舞會和無數的派對接連不斷，沒有片刻休息，一直持續到七月底為止。期間只有中斷過一次，就是在聖靈降臨日（＊自復活節七週後的星期日那一週開始）議會休會的時候。雖然為數不多，不過一些喜歡賽馬的人會在紐馬克特度過一週。然而，真正的上流人士只會往經典賽事聚集——像是葉森德比大賽、阿斯科特以及古德伍德賽馬會。」

美國大富豪女兒倫道夫・邱吉爾夫人，嫁給馬爾博羅公爵（Duke of Marlborough）三男為妻。

倫道夫・邱吉爾夫人與她的兒子，也就是後來的首相溫斯頓・邱吉爾（Winston Churchill、右）和其弟弟約翰（John）。

賽馬場是一場花園派對

有些社交活動每年都會定在固定日期，不過也有的是不定期舉辦。而紐馬克特賽馬場的大型比賽，會在四月或五月舉行。雖說這在現代屬於經典賽事之一，不過對19世紀的上流貴婦而言似乎並非如此。葉森德比大賽則是在埃普索姆賽馬場，於五月或六月舉行；阿斯科特賽馬會於隔週舉行；古德伍德賽馬例年來都在七月底舉辦。

賽馬場的觀眾席通常分成幾個等級。平民在草地上享受宴會及街頭藝人表演，皇室和上流社會人士則按照服裝規定盛裝打扮，占據專用座位，化身宛如名為賽馬場的花園派對場所。其他體育賽事，諸如大學校際划船比賽或板球比賽等等，也同樣會成為社交場合。

僕人們在活動期間必須處理非正規工作，十分忙碌。阿斯特家族的克萊夫登宅邸位在前往阿斯科特賽馬場相當方便之處，且靠近上流人士子弟就讀的寄宿學校（＊Public school）伊頓公學（Eton College）。一九五〇年代初夏，前往這棟宅邸赴任的男僕彼得・懷特利（Peter Whiteley），便在當時受到身為前輩的下級管家如此恐嚇：「下週的六月四日，這棟房子有一半會被伊頓公學侵占。等到事情結束後，連喘息的時間也沒有就到了阿斯科特週。現在你可以好好地休息，不然有3週的時間你會連上廁所的空檔都沒有。」

不久後，他便知道這些話都是真的。伊頓公學每年六月四日都會舉辦發表學業及運動的活動。這是一個延續至今的傳統活動，家族會排除萬難從全國各地聚集而來，一睹男孩的英姿。伊頓公學是國內頂尖的精英學校，家長們有半數都會蜂擁而至，這代表大部分的上流人士都會聚集在一棟宅邸裡。

德比日，人們在馬車上鋪毯子、享用午餐。盛裝打扮，卻並非貴族。古斯塔夫・多雷（Gustave Doré）的版畫，引用自布蘭查德・杰羅德（Blanchard Jerrold）1872年著作《倫敦巡禮》。

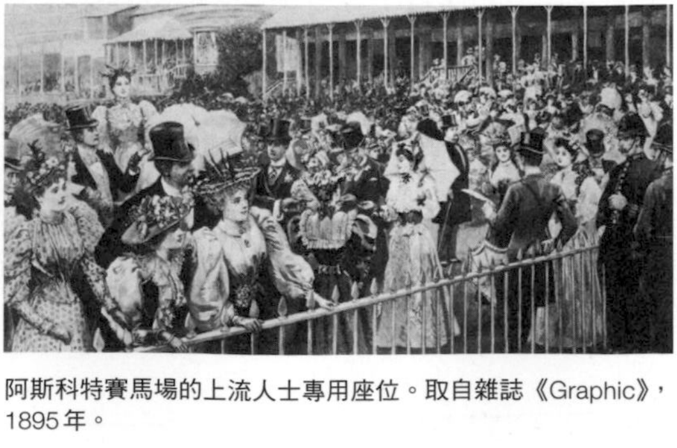
阿斯科特賽馬場的上流人士專用座位。取自雜誌《Graphic》，1895年。

於7月舉行的古德伍德賽馬會，宣告倫敦社交時期的結束。

舞會上的情景。取自週刊《倫敦新聞畫報》（The Illustrated London News），1873 年。

一場人潮擁擠的晚會上，服侍的男僕聽到這番對話：「那邊那個難看的男人是？」「你在說我弟弟嗎？」「我、我很抱歉……」笑得嘴都闔不起來。取自《潘趣》1882年1月21日。

除了運動賽事，戲劇、音樂會及藝術展覽等也會發揮社交場合的功能。每年從五月一日開始在皇家學院舉辦的展覽會，都會聚集許多貴族、名人、文化人士，預告著社交旺季開始。私人舞會、晚宴及晚會，會在倫敦各地的聯排別墅裡連日舉行。進入20世紀之際，曾擔任霍華德（Howard）勳爵夫人男僕的弗雷德里克・戈斯特*（Frederic Gorst）便表示，舉行一場盛大舞會的準備工作需花上幾週時間。為這天雇用的30名臨時男僕會穿上霍華德家族的僕人制服，照安排工作。從維也納邀請而來的弦樂團，則演奏了當時流行的史特勞斯（Strauss）的華爾滋。傳聞霍華德家的花園，就是用當時公認十分時尚的日式燈籠和白色山茶花裝點得十分高雅。

＊弗雷德里克・戈斯特

1881 年出生於利物浦。父親是一名麵包師傅，12 歲時成為一所神學院的童僕。他在地主及大貴族的宅邸擔任男僕一職後，晚年移居美國。出版了回憶錄《馬車與王公貴族的日子》（Of Carriages and Kings，1956年）。

皇宮晉謁是貴族千金之戰

「前去皇宮的真正目的是什麼？是為了表達對皇室的尊重，這句話是真的嗎？著實荒謬。十名女性中有九個是為了去見人，還有為了被看見才會前往的。為了讓自己的名字登上《泰晤士報》(The Times)或《晨報》(Morning Post)，她們會打扮得比任何人都盛重，讓女性雜誌鉅細靡遺地針對她們的服裝詳細報導。她們會趁深夜穿著那件禮服，來到龐德街的照相館請人拍照。這麼做也是為了讓社交界知道，自己去過皇宮這件事。」

（查爾斯・艾爾・帕斯科《今日倫敦》，一九〇三年。）

覲見維多利亞女王。取自《Graphic》，1893年。

前往皇宮或女王會客室——這對於一個進出社交界的女孩來說別具意義。貴族千金到了17或18歲，有生以來第一次參與倫敦社交圈時，如果一開始就能得到女王、國王、王儲與王妃的接見，可說是一個很好的開始。

過去只有少數精英人士才有榮幸覲見，但隨著時間推移，能夠得到接見的對象愈來愈多。對照一八九〇年代出版的禮儀書籍就能發現，除了貴族和地主之外，王室還對神職人員、陸軍與海軍軍官、內科醫生、律師等傳統專業人士、著名藝術家，甚至從事金融業及製造業等商業活動的家族妻女門戶大開。只不過，零售業家族依舊被排除在外。「名聲不佳」——也就是遭人議論行為出軌的女性，據說也

前往白金漢宮「女王會客室」的一列馬車。圍觀的人團團包圍。車夫和男僕也穿著最隆重的禮服，胸前裝飾著鮮花。《倫敦新聞畫報》1870年。

蘭斯多恩侯爵（Marquess of Lansdowne）家的禮車，以及車夫、男僕的僕人制服。收藏於博物館的展品。

在照相館請人拍攝好看的照片。《Graphic》1895年。

不受維多利亞女王的喜歡。

面見女王、國王時的禮儀是獨一無二的。走到君主面前後，要大幅度曲膝並彎腰，做出正式的行禮姿勢。貴族夫人或千金會受到陛下賜吻於額頭或臉頰，否則就是要親吻陛下的手背。不可以背對國王或女王，要用後退的方式退出房間。此外，數公尺長的裙襬需妥善處理，要同時完成這些動作是極為困難的。為了避免在如此重要的日子出錯，貴族會請舞蹈老師來訓練女孩們的動作。據說風評很好的老師，在會客的日子愈來愈近時，都會預約滿檔。

而負責將這些女性送到白金漢宮的，就是色彩鮮豔的禮車。身穿僕人制服的車夫會駕馭灰馬，後方台階上則會站著2名身穿正式服裝的高個子男僕。禮車行經路上總是會聚集許多人，想要親眼目睹這幅情景。

馬匹、裝飾精美的馬車、禮服，加上車夫和男僕，都是誇示馬車內女士身分的「道具」。如此投注心血做足準

新來的客廳女僕說：「夫人要我跟您說她不在家」訪客說：「喔……是嗎……真的嗎？既然如此，那就請妳告訴她我也沒來過！」取自《潘趣》1894年4月21日。

清晨的海德公園，女士們騎在名為「Ladies' Mile」的騎馬專用跑道上。此為古斯塔夫・多雷的版畫，引用自1872年的《倫敦巡禮》。

備的理由，就是為了在社交界首次亮相，同時意味著投身上流社會的婚姻市場。必須讓所有人知道，自己是比其他人更好的新娘候選人。因此，男性僕人對她們來說，就是活生生的裝飾品（ornament）。

結束覲見之後，母親會陪同女兒前往各種社交活動。倫敦社交圈會存在的理由之一，就是讓適婚年齡的男女組成合適的家庭。

女士在倫敦社交時期的活動

早上，女士們會換上騎馬服裝，在海德公園裡騎馬。回來用過早餐後，再和僕人討論當天的菜單。

白天拜訪親近的朋友並共進午餐，或是駕著敞篷馬車、打著遮陽傘在公園兜風，一面向周圍的人展示身姿。

下午再去「拜訪」熟人的家。根據指南書的內容顯示，大約是在3點至6點左右。儘管是下午時段，這種活動還是依照慣例稱作「Morning Call」。

結束下午的活動返家的女士們。引用自1902年《倫敦生活》。

對於年輕的千金小姐來說，母親或身邊年長的女性親戚會成為監督的角色（chaperone），總是寸步不離。這是為了在舞會上找到一個不錯的對象。引用自喬治・羅伯特・西姆斯（George Robert Sims）1902年編輯的《倫敦生活》。

一名小「童僕」接待女士們的來訪，取自《潘趣》1872年4月20日。

對於女士們來說，理想方式是帶著「隨從在貴婦身邊的男僕」，乘坐身穿僕人制服的車夫操控的私人馬車外出。抵達對方家之後，自己繼續坐在馬車上，再派出男僕透過敲門或按門鈴的方式呼叫對方的僕人，讓他去詢問夫人是否在家。

不過，如果預算和人員配置不允許的話，步驟自然就會不一樣了。假如沒有男僕，就會讓車夫去負責男僕的工作。若是租來的馬車，就會叫路過的少年去按門鈴。連馬車也沒有而必須徒步的時候，女士就只能自己去按門鈴了。

接受拜訪的一方，人員配置上也有其安排。理想情況下，是由男僕開門，管家會為客人帶路。但是規模不足以雇用男性僕人的家族，則會安排客廳女僕取而代之，負責接待客人及服侍工作。在中產階級的小家庭裡，甚至連客廳女僕都沒有時，可能就連負責打掃的家庭女僕或廚師都要輪流幫忙。

詹姆斯・蒂索約1875～1878年的《溫室（對手們）》。「下午茶」是女人們的時間，雙胞胎女孩正想吸引來訪男人的注意。

充滿儀式感的晚宴。男女交錯坐在長桌旁，管家及男僕在後方靜靜地提供服務，以免干擾談話。取自約1870年《倫敦新聞畫報》。

接待客人的值班僕人，通常會在事前收到當天如何應答的指示。如果夫人指示「我今天不在家」的話，無論她是真的出門了，還是其實想在屋裡休息，僕人都要明確地告知客人「夫人不在家」，加以回絕。如此一來，來訪的女士就會放下名片，前往下一處。

到了傍晚4、5點左右，會舉行花園派對或下午茶。晚上會去看戲、參加晚宴或舞會。尤其是允許正式身體接觸的舞會，是最適合安排年輕男女相識的場合。

紳士們的活動有哪些？

當母親們展開這樣的社交活動時，父親們都在做什麼呢？如果是貴族的話，或許是在議會發表演說。可能有些日子會陪同妻女到處打招呼，或是參加演奏會、展覽會。如果想要與所有由女性把持的社交活動保持距離時，男士們就會去禁止女性的「俱樂部」。對政治持保守態度的紳士會去卡

牛津和劍橋俱樂部的入口處，一身僕人制服的俱樂部僕人正在工作。引用自1902年《倫敦生活》。

位於帕摩爾街的亞希尼亞姆俱樂部，一名充滿文學品味的紳士加入其中。取自1893年《倫敦新聞畫報》。

俱樂部的服務人員。服裝與私人住宅的男僕幾乎一樣。

莫爾伯勒俱樂部的吸煙室。

爾頓俱樂部；自由主義者會去改革俱樂部；旅行者俱樂部，旅行經驗超過500英里的人可以加入旅行者俱樂部。其他還有各式各樣的俱樂部，諸如軍人俱樂部以及律師、戲劇人、文學家俱樂部等等。這時可讓訓練有素的俱樂部管家或服務人員服務，享受片刻時光，並與格調相同的紳士們高談闊論。

那麼公子王孫又在做什麼呢？正如姊妹去白金漢宮的會客室，他們會參加聖詹姆士宮的「接見會」。這是一種男性覲見君主的儀式，維多利亞女王時代後半葉，通常由王儲代理主持。陸軍和海軍軍官晉升或從戰場上歸來時，在法律界、政界或神職中獲得職位時，以及貴族繼承或受封爵位時，都會前來覲見。與女性們不同，介紹人會是職場上的主管或隊長這類人士。

約莫100年前的英國，男女的職責分工非常明確。就連前往皇宮此一舉動，對每個人來說都有不同意義，平日的行為模式也不相同。夏天到來時，箇中差異會變得更加明顯。

在接見會上以一身軍裝拜會愛德華七世國王，引用自1902年《倫敦生活》。

維多利亞女王建於懷特島作為夏日別墅的「奧斯本莊園（Osborne House）」。她將這裡當作家族的隱居處，在這裡度過許多時間。

當客人抵達時，僕人會列隊迎接。取自1888年《Graphic》。

＊查爾斯・庫柏

出生於1877年。據說父親在許多上流家庭中擔任男僕及隨侍，母親擔任廚房第一女僕，兩人在德克公爵（Duke of Teck）夫人瑪麗（Mary）的宅邸相遇後，才生出這名強悍的管家。自12歲左右開始當僕人，並在富豪之家擔任管家多年。在他發表的回憶錄《街道與城鎮》（Town and Country，1937年）中使用了自己的真名。

夏天至秋天——獵鳥的季節

七月結束之際，上層階級人士會紛紛離開倫敦，但不一定會回到自己的主要據點。八月初，英國南部懷特島的卡烏自鎮，就會盛大舉辦卡烏自週帆船競賽。維多利亞女王的王儲，也就是後來的愛德華七世國王喜好遊艇，以他為主的一群社交界頂端名流都會滯留在懷特島。

八月十二日有一個充滿詩意的特殊別名，稱作「光榮的十二日」。這天，岩雷鳥狩獵禁令解除，倫敦社交時期完全宣告結束，人們會踏上旅程前往蘇格蘭等北方地區尋找獵物。有些人在方便狩獵岩雷鳥的地區還擁有自己的另一棟房子，有些人則是借用熟人或親戚的狩獵別墅。從夏季到初秋的狩獵季節，也被稱為「蘇格蘭季」。

蘇格蘭距離倫敦很遠。舉例來說，如果要到一座名叫威廉堡的城鎮，需要長途旅行800公里遠。而長途移動對於

在沃里克伯爵（Earl of Warwick）夫妻的宅邸「伊斯頓小屋（Easton Lodge）」中舉行的開槍射獵派對，1895年。站在中間的王儲和沃里克伯爵夫人是親密的朋友。

僕人們來說十分辛苦。

一八九五年八月初，一位富豪雇用的第二男僕查爾斯・庫柏*（Charles Cooper），才剛安頓下來又要再次收拾行李，出發到蘇格蘭印威內斯附近的別墅。當時，他和車夫一起負責千里迢迢運送4匹馬。首先要從領地經由鐵路送往倫敦，再轉乘輪船前往當地。從火車站到港口、從港口到宅邸的道路，都必須靠騎馬移動。經過一路顛簸，擺脫長途騎馬的折騰之後，查爾斯連續幾天還是覺得屁股下一直有馬背的感覺。

不過，這名新男僕的辛苦算是老掉牙的例子。19世紀上半葉鐵路開通之後，貨物及人員的移動變得更容易了。過去參加需要過夜的派對時，費盡千辛萬苦出門後，一般都會逗留幾週的時間；但是在鐵路的幫助下，這些家庭派對短時間就能結束，因此開始變得頻繁舉行。對於不必擔心工作的上層階級而言，其實不需局限於在稱作「Weekend」的週末留宿，可以週五或週六抵達，週一再離開，安排輕鬆的行程。

自上述的八月十二日起，紅岩雷鳥季節便會展開，黑岩雷鳥則是在八月二十日才會解禁，不過允許狩獵的時間同樣都是到十二月十日為止。斑翅山鶉的解禁日則是九月一日，雉雞是十月一日，同樣都可以狩獵到二月一日為止。野兔並沒特別規定禁止狩獵的時間，但是一八九二年通過一項法律規定，禁止三月到七月這段期間內販售野兔。因此大家都很有默契地認為，野兔的狩獵季節是到二月底為止。

參與射獵派對的紳士們

這些年來，射獵變得愈來愈流行。久而久之，大量雉雞及鷓鴣遭到獵殺的情況加劇。愛德華七世本身就是一位代表性的獵鳥愛好者。一九〇五年從十一月七日至十日舉行的射獵派對中，3天內就分別有9～10名射手參加。最後擊中了4135隻雉雞、

泰晤士河畔亨利宅邸「斯托納公園（Stoner Park）」的射獵，清點大量擊落的獵物。1911年。

射獵情景。外國伯爵說：「如果那些鳥能向後飛就好了！」《潘趣》1912年1月10日。

2009隻斑翅山鶉、232隻野兔、576隻穴兔、14隻山鷸、275隻綠頭鴨、12隻鴿子、其他鳥類3隻，合計共7256隻獵物。以現代標準來看，這個數字根本超出常理了。

想要取得這麼好的戰績，不可缺少獵場看守人及其下屬的付出。他們平時都在飼養雉雞及斑翅山鶉，並在獵場巡邏、驅逐盜獵者。當地的孩子們也會在森林中四處探險，再向獵場看守人報告他們發現的雉雞巢穴，賺取一些零用錢。

射獵原則上屬於男性的娛樂，不過當中也有女士會拿著散彈槍參加。只是即便在享樂主義盛行的的愛德華七世這個年代，這種行為也會被視為作風古怪的女性。紳士們用完早餐後，就會全員來到狩獵場。此時隨侍會跟在主人身邊，照料行李及服裝，同時負責填充子彈。

妻女會留在家中，寫信、閱讀或談天說地消磨時間。中午，她們會外出與男士會合，享用一頓豪華的野餐。提供服務則是男僕及管家的職責。

到了下午，紳士們會繼續專心射擊野鳥及兔子，直到晚餐時間。這段期間女士們都在做什麼呢？辛西婭・阿斯奎斯（Cynthia Asquith）在愛德華七世的時代首次於社交界亮相，並經歷了她第一次的射獵派對：「如果妳是那種

「霍華德城堡（Castle Howard）」的獵場看守長和新人，正在飼養會生蛋的雉雞。

北威爾斯地主莊園「阿爾西格」的獵場看守人，與主人家的兒子。少爺也一起外出，學習打獵的知識。

1890年代，克姆・艾比（Coombe Abbey）在射擊雉雞。女士們必須裝作感興趣的模樣，一面忍受著爆炸聲。

1930年代，由第五代萊斯特（Leicester）伯爵（前方）招待的射獵派對戶外午餐。

公認的『好女孩』，妳會為退一步跟在自己身後的『射手』所射中的獵物數量而感到自豪，就好像是妳自己的功績一樣。但是我每次去都會陷入一種進退維谷的困境——我不喜歡鳥類被大量屠殺，但我也不喜歡戰績太少而讓射手覺得不開心。」

射手沒射中獵物時，不知道能不能和他說話？又該跟他說些什麼？可見這些年輕女孩不知道對方到底期待自己怎麼做，而感到十分困惑。在辛西婭的回憶中，描述了一個剛踏入社交界而經驗不足的女孩，為各種規矩感到迷惘的模樣。

淑女們的工作就是換裝

在週末的射獵派對射擊鳥類，是男人的娛樂。如此想來，在一旁等待的女士們應該會有許多空閒時間，但是辛西婭・阿斯奎斯的說法並非如此。

「尤其是冬季的旅行，會花費許多時

華麗的晚禮服（左）和較易於行走的短裙（右）。取自1886年1月24日的法國時尚雜誌《La Mode Illustree》。

辛西婭・阿斯奎斯（1887～1960年）首次於社交界亮相的模樣。她是名科幻小說家兼名詩選集編組，丈夫是首相伯特・亨利・阿斯奎斯（Herbert Henry Asquith）的次子，父親是威姆斯伯爵（Earl of Wemyss）。

間在換裝上。早餐時為了前往教堂，我會穿上『最好的衣服』。如果是有錢人的話，衣服大概會是採用天鵝絨製成的；如果沒錢的話，就是用棉絨做的。從教堂回來時，再換上粗花呢的衣服。快到喝茶的時間之前，一定會再次換裝。如果有茶袍（tea gown）的話，身上就會穿著這種特別的服裝；不是太富裕的人，則會穿著夏季白天的服裝。不管是多缺治裝費的女人，一般在晚餐時每次都必須準備不同的服裝。

週五到週一要穿去參加派對的衣服中，首先就少不了一套『週日最佳服裝』。另外還需要各2套粗花呢上衣加裙子，以及搭配用的2件襯衫，再各3套晚禮服和下午茶服裝。此外，還要一頂『最佳帽子』——這頂帽子一定會裝飾著羽毛和鮮花，或是成堆的水果、小麥等。還要有幾頂適合鄉村風情的帽子，恐怕還會有全套的騎馬服裝與圓頂禮帽，室內外用的鞋子、靴子、高幫鞋套也會有好幾雙。加上其他大量配件，包含襯裙、披肩、圍巾、晚餐用髮飾及其他各種飾品。另外還需要一個大包包，以便在家中隨身攜帶一整套的刺繡工具。」

精心製作而成的晚禮服，需要很多時間著裝。晚餐前30分鐘，催促正裝打扮的鑼鼓聲響徹整棟屋子。辛西婭說她一開始的時候，總是很擔心用餐時間會不會遲到。

打包行李是一門藝術

女士的服裝由侍女照料，而男士的

茶袍（左）。午後在室內穿著的洋裝十分寬鬆，不會束起腰部。家庭雜誌《卡塞爾家庭雜誌（Kassel Family Magazine）》1891 年。

衣著則由隨侍負責。沉重的箱子可能由男僕搬運。隨著整個家庭移動，行李的運送都是在管家的監督下進行。

一九二五年，查爾斯・迪恩成為愛麗絲・阿斯特（Alice Astor）和其丈夫俄羅斯貴族奧博連斯基（Obolensky）王子的管家兼隨侍。愛麗絲是一位美國大富豪的女兒，這對夫婦整年移居世界各地，管家兼隨侍的迪恩甚至說：「他們已經橫渡大西洋28次了」。

「我打包行李的技巧已經到達藝術的境界。一年四季所有的便服與運動服裝都要準備，這意味著要運送驚人數量的行李。總數高達99件，而且大多都是大型行李箱。不過，我會為所有行李都加上編號，將內容物編成目錄後，帶著一長串的清單踏上旅程，所以任何東西只要花一點時間就能找到。而且我還會隨身帶著分成幾串的鑰匙。鑰匙會發出叮噹響聲，讓我像個獄卒一樣。有次我們抵達目的地後，王子似乎想要幫忙，問我：『我來幫忙搬行李吧？是不是要在海關會合？有多少行李？』我回說：『先生，有99個。』」

之後王子馬上往後退說：「算我沒說過那句話。」最後在一家酒店會合。每次聽到這位喜歡聊天的前管家口若懸河地提到橫渡28次大西洋，以及99件行李等具體數字時，不禁讓人懷疑，他是不是將事實誇大了。然而，其實

「搬運行李是搬運工人的工作。」傲慢的男僕假裝不知道地說，一旁是即將遺失的行李。取自《潘趣》1875年3月27日。

女僕說：「我辛辛苦苦為夫人編好的頭髮，竟然忘在梳妝台上了。」男僕說：「到了之後再向當地的女士借用就行了。」假髮大約就是在此時流行起來的。搬運夫人的行李十分費事。取自《潘趣》1870年10月15日。

＊歐尼斯特・金（Ernest King）
1888年或1890年出生於德文區的巴恩斯特珀爾，也曾經擔任過溫莎公爵（愛德華八世）、富豪企業家、希臘皇室以及伊麗莎白二世公主時期新婚家庭的總管，1963年出版了回憶錄《綠色粗呢門（The Green Baize Door）》。

還有人提出更高的數字。

生於19世紀末的歐尼斯特・金*晉升管家一職，他也曾經擔任伊麗莎白二世在公主時代的總管。他描述以隨侍一職為富人家庭服務時，德・威奇費爾德夫人的行李「光是路易威登行李箱就有大約170個，其中大部分的尺寸都能完全容納一個成人男子」。100年前上流社會的旅行規模，以現代的標準來說實在是深不可測。

從秋季到冬季——傳統的「狩獵」

在英國會用不同文字描述「狩獵（Hunting）」和「射擊（Shooting）」這兩種活動。射擊是指射殺野鳥及兔子；狩獵的獵物則是狐狸、鹿及大型動物。最特別的是，單純提到打獵或狩獵時，通常指的都是騎著馬用獵犬追逐狐狸的獵狐活動。這是一種十分粗暴的運動，除了原野之外，還會任意踐踏牧場、田地、農家庭院。而且一群人追趕一隻狐狸，最後派狗咬死狐狸的行為極其殘虐，所以獵狐長期以來一直備受議論，後來英國自二〇〇五年起便正式禁止了。

在維多利亞時代以及愛德華七世時期，並沒有專門規範獵狐的法律。不過和前面提到的野兔一樣，紳士們也有不成文的規定，狩獵季節一般會從十一月一日至隔年四月為止。

海伍德・哈迪（Heywood Hardy）的《獵狐會（THE MEAT）》。身穿獨特的紅色衣服騎著馬，派出獵犬追趕狐狸。

在戶外為主人倒酒的男僕們。取自1923年某次獵狐會上。

穿著圍裙工作的隨侍（右）。從打掃到狩獵服，需照料主人的高級衣著。取自1907年的時尚插畫。

獵狐的早晨。外出狩獵的人換上騎馬服裝或狩獵服後，以自助餐的方式享用早餐。

有別於站在地上開槍的射獵，參加狩獵的人必須具備自由駕馭馬匹的技術和體力。喜歡騎馬的女士們，會騎上婦女用的側鞍，英姿颯爽地追逐狐狸。不過也有人持反對意見，認為這樣會減損女人味，尤其最後觀看狐狸獵物被狗咬死的場面並不合宜，狩獵還是男人的世界。

能夠成為地方上的獵犬大師，對一位紳士來說是一種榮幸。他會舉辦一場高格調的盛大狩獵活動，除了紳士淑女會參加之外，甚至連召喚來幫忙的低階人員，都會大方宴請酒食。雖然花費龐大，卻是一個向周遭人炫耀「領主」威望的機會。

粉紅色狩獵外套

如果是高格調的狩獵，男性會身穿獨特的服裝，例如紅色外套加上白色褲子和長靴。這種狩獵用的裝扮，明明上衣是鮮紅色，但是不知何故卻統稱為「粉紅色狩獵外套（Pink）」。儘管屬於重要服裝，但是最好看起來是適度使用過的樣子。一八九〇年出版的《上流社會的禮儀與規則》一書中指出，新來的人穿著黑色衣服會比穿上全新的粉紅色狩獵外套更恰當。

被主人委派照料重要的粉紅色狩獵外套，對男僕及隨侍來說是進階升級的象徵。一九一五年出生的喬治・華盛頓（George Washington）的回憶中，主人的紅色狩獵外套是紳士服裝中最昂貴的，因此他非常小心翼翼地照料著。他會用軟水擦洗，將泥漬去除乾淨，並且用專用藥劑重新染色。這天晚上他會擔心到無法入眠，不知道第二天會不會平安恢復成「粉紅色」，還是會變得斑駁，他還說：「有時我會起床去檢查看看。」

歐尼斯特・金有一個祕方，能讓滿是泥漬的粉紅色狩獵外套恢復原狀。這個祕方就是拜託家庭女僕，分享室內便器裡的東西供他使用。如此一來，汙垢就會「奇蹟地」脫落。其實氨具有漂白效果，確實是傳統上一直會使用的方法。但是當然不可以讓主人們知道這個祕密。

在主宅過聖誕節

無論是環遊世界的大富豪，還是在朋友和情人的鄉間別墅四處過夜的放蕩貴族，一般來說聖誕節都會回到主要據點與家人一起度過。愛德華七世便習慣在諾福克的桑德令罕府（Sandringham House）過聖誕節。這裡也被稱為「英國皇室的私人住宅」，就連現代的伊麗莎白二世，也會在這棟房子裡向全國廣播她的聖誕演講。

在波特蘭（Portland）公爵主要據點的大豪宅維爾貝克修道院（Welbeck Abbey），慶祝聖誕節的方式也非常奢華講究。男僕弗雷德里克・戈斯特回憶起為愛德華七世服務時，在維爾貝克的生活。此時的他被交往中的女僕背叛，剛剛失戀卻要忙著準備聖誕節，悲傷的心情很快就煙消雲散了。

「從聖誕節到新年這段期間，會有20、30位客人來訪。長時間持續的家庭派對導致僕人的工作增加非常多。宅邸用柊樹葉和松枝的裝飾點綴得富麗堂皇，大廳裡擺滿了從溫室運來適合聖誕節的鮮花。平安夜是家人和親密好友齊聚的節日，他們會彼此交換禮物。公爵和公爵夫人還給我們每個皇室男僕（＊雖是公爵家雇用的僕人，

托馬斯・布林克斯（Thomas Blinks）的《美麗的手控韁繩》。女性將雙腿放在鞍具一側騎馬的側鞍（Side-saddle）。取自1896～1897年《卡塞爾家庭雜誌》。

英國皇室的桑德令罕府。沒人居住時，內部會開放公眾參觀。

卻由皇室支付酬勞，視需要也會到皇宮工作）發下信封。蠟封上印有波特蘭公爵的徽章。打開信封的瞬間，我覺得自己真是個有錢人。因為裡頭居然有一張5英鎊的鈔票。」

只要想到剛開始工作的新僕人不少1年僅5英鎊收入，就會覺得這已經是一筆不小的數目了。不過，公爵家送給同等地位朋友的禮物就更奢華了。

喬治・斯林斯比*（George Slingsby）和弗雷德里克・戈斯特幾乎是在同一個時代，一樣在維爾貝克修道院擔任第三男僕。據他所言，聖誕季的重頭戲是除夕夜裡舉辦的晚宴。

「這場約有100位賓客參加的晚宴，遠遠超出大多數人的想像。香檳像熱水一樣倒入杯中，重頭戲是公爵夫人贈送的新年驚喜禮物。這時出現的大箱子，裡面裝著的恐怕是史上最貴的聖誕拉砲。當拉砲一拉開，客人們無不驚訝失聲。因為從裡面溢出的是昂貴的裝飾品，包括十分精美的小巧黃金懷錶、石榴石戒指、獻給女士的黃金胸針及珍珠、紳士用的鑽石領帶別針及雪茄刀。公爵與公爵夫人將客人們提供的禮物擺出來，彼此互相交換，開心地看著所有禮物都已經決定去向。因為每一樣禮物，都是公爵夫人

維爾貝克修道院。眾所周知，憎恨人類的第五代波特蘭公爵建造了一座又長又大的地下室。喬治・斯林斯比和弗雷德里克・戈斯特於第六代公爵時期（1857～1943年）在這裡擔任男僕。

裝飾聖誕樹的習俗在19世紀於英國紮根。據說是維多利亞女王的丈夫阿爾伯特（Albert）殿下於1840年從祖國德國引進這種習俗。取自《卡塞爾家庭雜誌》1885年。

＊喬治・斯林斯比

1889年出生於諾丁漢。曾經擔任過地主的管家以及公爵家的男僕，後來成為加拿大富豪的隨侍，並且遭遇過盧西塔尼亞號沉沒事件（參閱第139頁）。他的長女妮娜・斯林斯比・史密斯（Nina Slingsby Smith）將他波瀾萬丈的半輩子彙整成《喬治隨從在紳士身旁的回憶錄（George, Memories of a Gentleman's Gentleman）》（1984年）以及《喬治的年輕歲月（George: the Early Days）》（1990年）。

親自挑選的。晚宴過後，將舉行維爾貝克修道院著名的盛大化裝舞會。在這裡，第三男僕人喬治做出了大膽無懼的行動，不過事情原委將留待第八章揭曉。

領主與領主夫人的職責

像這樣觀察一整年之後，可能會覺得貴族的生活就是盡情享樂。從某種意義上來說事實的確如此。他們過去一直在堅守的傳統生活方式，與辛苦工作賺錢的行為相去甚遠。無論實際狀況如何，可想而知應該有極大差異。領主們就是出租廣大領地作為農田或牧場，如果是在都市地區則是作為商業或住宅用地，靠著大量的非勞動收入維生。

還有許多揮霍無度的放蕩貴族，將所得收入只花費在自己的享樂上。不過身為貴族或地主，私人享樂並不是受到鼓勵的榜樣。領主和領主夫人就是要不為個人利益，才能積極投入有利於公眾的崇高工作。

如果是男性的一家之主，除了開頭提到的國會議員之外，還會兼任各種享有盛譽的職務，例如：地方機關首長或法官等等。租給房客的小屋，會視老舊程度逐漸翻新。女士們則會幫助醫院及私人救濟院，並進行儀式性的慰問。此外，還會舉辦精心安排的派對，為慈善活動募款。

舉例來說，在康瓦耳的蘭海德洛克（Lanhydrock）宅邸，地主羅伯茲（Roberts）家族便會積極從附近的孤兒院或倫敦救濟院錄用工作人員。清洗亞麻織品的工作，則是交由幫助「墮

愛德華時代於倫敦的聖誕節風景。女士和她的孩子們買了大量禮物，讓男僕搬運回家。引用自1902年《倫敦生活》。

女慈善家前去慰問地方上貧困的老婦人。「我兒子獲得了獎學金。」「我了解妳的心情，就像我家的豬在品評會上獲獎時，我的感受就和妳一樣。」《潘趣》1904年。

「女慈善家」與代理商討論為當地居民建造的小型住宅設計圖。但是她不想蓋在自己會看到的附近，於是心裡不開心。《潘趣》1908年5月6日。

落的女人」——也就是妓女改過自新的慈善團體負責。還有部分的家居用品，據說是採用監獄犯人製作的成品。

庫柏侯爵夫人也為當地女孩設立了所家事學校，讓她們學習成為僕人後有用的技能。此外，這個侯爵家族也有為當地消防隊出資。據說這些團體的會計工作，都是由總管約翰*・詹姆斯（John James）負責。夫人們光鮮亮麗的慈善活動背後，都是由僕人們在做這些低調的實際工作，這是十分常見的模式。

現代社會裡，社會保險以及公共工程都是由國家在主導並實施；但是在過去的年代，卻是極少數持有土地的精英分內的職責。隨著時代變遷，他們的向心力喪失之後，主人與僕人的關係也逐漸出現變化。

正如本章開頭所提到的，僕人的日常生活會因為主人的收入、宅邸的規模及位置、生活模式出現極大影響。主人如此舒適的生活，全靠僕人在背後支撐著。雇主和受雇者可說是相互影響，創造出一個小宇宙。下一章，將會把焦點拉回受雇者的管家們身上，看看他們以僕人身分踏出人生第一步時的這段旅程。

＊約翰・詹姆斯

1872年出生於威爾斯彭布羅克郡。曾經在農場工作，並擔任過園丁學徒，自1895年左右開始，受雇為侯爵及伯爵宅邸的家僕，後來成為維多利亞女王女兒路易絲公主的總管。他在肯辛頓宮工作了28年，期間因第一次世界大戰而中斷。他的回憶錄有《總管的回憶（The Memoirs of a House Steward）》（1949年）。

在馬爾博羅公爵（Duke of Marlborough）的布倫海姆宮（Blenheim Palace）組成的私人消防隊。成員由僕人兼任，會支付特殊加給。還購買了一輛最新式昂貴消防車。

column

英國貴族的稱號與稱呼方式

騎士受封儀式。國王用劍觸碰跪下的受封者肩膀。儀式過後，會依照不同階級稱呼為爵士。引用自1902年《倫敦生活》。

19世紀出版的種種禮儀書籍。內含覲見女王陛下時的禮儀、邀請函的書寫方式、拜訪規則等內容。

從皇室到貴族子弟

貴族稱號包含公爵、侯爵、伯爵、子爵、男爵這5種。另外還有從男爵與騎士，其上還有皇室。19世紀末對這些上流人士的稱呼方式彙整於左頁表格中。

這張表格是依據一八九〇年出版的禮儀書籍《上流社會的禮儀與規則》重新編製而成。相傳由某位貴族社會成員撰寫而成，至今已經再版16次。新婚夫人及僕人們應該都翻閱過類似這本將貴族氣息當作賣點的參考書，將複雜且怪異的尊稱體系灌輸進大腦裡。不過請大家注意，有些地方與現在禮儀有所出入。

複雜怪異的尊稱

稱呼方式會依自己所屬階層而異。若同為上流社會成員，可以稱呼女王陛下為Ma'am（夫人）、公爵夫人為Duchess（公爵夫人）；若是僕人，就必須恭敬地稱呼Your Majesty（陛下、閣下）、Your Grace（陛下、閣下）、My Lord（陛下、閣下）等等。稱呼錯了恐會惹上麻煩。

公爵、侯爵、伯爵大多會同時擁有好幾個爵位。而且爵位名稱多數源自地名，通常與家族姓氏不同。

假設有名倫敦公爵菲利普・史密斯，同時擁有紐約侯爵爵位，其妻是伊莉莎白，有孩子查爾斯、安妮、安德魯和愛德華。長子查爾斯已經娶妻。（補充說明，在這裡取的暫定名稱並沒有其他意義。）

長子可使用父親擁有爵位中的第2個稱號，作為名義上的爵位。也就是說，預定繼承爵位的長子查爾斯，在一家之主菲利普去世、他繼承公爵地位前，會被視為紐約侯爵並享有禮遇，稱作Lord New York（紐約侯爵），其妻則是Lady New York（紐約侯爵夫人）。

次子以下子女會在姓名加「Lord」。安德魯和愛德華會稱作Lord Andrew Smith（安德魯・史密斯閣下）、Lord Edward Smith（愛德華・史密斯閣下）；妻子則是以丈夫名加上尊稱，如Lady Andrew Smith（安德魯・史密斯夫人）。

貴族稱呼方式一覽表

	同為上層階級人士時	下層階級稱呼時
女王	Ma'am（夫人）	Your Majesty（陛下）
王子	Sir（先生）	Your Royal Highness（殿下）
公主、王妃	Ma'am（夫人）	Your Royal Highness（殿下）
公爵	Duke（公爵）	Your Grace（閣下）
公爵夫人	Duchess（公爵夫人）	Your Grace（閣下）
候爵、伯爵、子爵、男爵	Lord（閣下）＋地名／姓	My Lord或Your Lordship（閣下）
候爵、伯爵、子爵、男爵的夫人	Lady（夫人）＋地名／姓	My Lady或Your Ladyship（夫人）
從男爵、騎士	Sir（先生）＋名＋姓	Sir（先生）＋名
從男爵、騎士的夫人	Lady（夫人）＋姓	My Lady或Your Ladyship（夫人）
公爵、候爵、伯爵的長子	Lord（閣下）＋地名／姓	My Lord或Your Lordship（閣下）
公爵、候爵、伯爵的長子夫人	Lady（夫人）＋地名／姓	My Lady或Your Ladyship（夫人）
公爵、候爵次子以下的兒子	Lord（閣下）＋名＋姓	My Lord或Your Lordship（閣下）
公爵、候爵次子以下的兒子夫人	Lady（夫人）＋丈夫名＋姓	My Lady或Your Ladyship（夫人）
公爵、候爵、伯爵的女兒	Lady（女士）＋名＋姓	My Lady或Your Ladyship（女士）
子爵以下的女兒	Miss（小姐）＋名＋姓	Miss（小姐）
伯爵次子以下的兒子及子爵以下的兒子	Mr.（先生）＋名＋姓	Sir（先生）

一家之主的夫人在爵位名稱加上尊稱「Lady」後，就會變成Lady London（倫敦公爵夫人）；女兒則是Lady Ann Smith（安妮・史密斯小姐）。孩子們若關係親密，也可省略姓氏，稱作Lady Ann、Lord Andrew等。長子、次子、一家之主夫人、女兒、媳婦，都是像這樣透過加上尊稱的方式來區別。

若是伯爵，長子則可使用名義上爵位，用Lord稱呼，但是次子以下就和平民一樣稱作Mr.。而伯爵女兒，無論長女或么女都是Lady；子爵以下的孩子，無論男女都稱作Mr.或Miss。正式文書中，敬稱前還會加上其他尊稱。

從男爵和騎士的稱呼也很複雜，同一家族內會有不同稱呼方式。丈夫會在姓名或單純名字上加「Sir」，妻子則是在姓加上「Lady」。身為騎士的Sir Sean Connery，可簡稱為Sir Sean，Sir Connery則是錯誤用法；其妻則是Lady Connery。

可見100年前的夫人及管家多辛苦了。

童僕時代的埃德溫・李。自13歲起，在蘭開夏的醫生家庭工作約1年時間身穿的服裝。

15歲的喬治・斯林斯比在拉福德修道院（Rufford Abbey）當園丁學徒（Garden Boy）。

第3章

管家的飛黃騰達

踏上旅程的少年

「我在家裡生活的最後一週，都在準備告別。莉莉（Lili，＊姊姊）打算為我做件最好的衣服，並為我梳理，還幫我將2件白襯衫和內衣洗得乾乾淨淨。我將印有父母的金屬照片（＊早期印在馬口鐵上的照相技術）、讚美詩集、金言集裝進行囊中，還帶上當初向好友戴維・德里斯科爾（David. Driscoll）告別時，他送給我的壓花。（中略）終於到了這一天。一八九四年八月十日，媽媽帶我搭火車來到伯肯黑德（＊利物浦對岸的城鎮）的渡輪碼頭。她彎下腰親吻我，跟我說：『你要勇敢一點，好好努力工作喔！』

看著媽媽從我身邊離去時，我才實際體會到，自己有生以來第一次孤身一人的感覺。那瞬間，我有一股衝動想要跑回母親身邊。但是我並沒有那樣做，而是把凹陷的鐵皮箱子搬上甲板，跑到船頭。就在這時，汽笛聲響起，碼頭的出入口已經關上。隨後渡輪在水面上緩緩滑行，準備渡過梅西河。恐懼與彷徨的心情，就像退潮一般消失得無影無蹤。不久後，隨著彼岸出現在眼前，一股興奮之情突然湧上心頭。在那裡、一個即將到達的地方，我的新生活就要展開了。」

弗雷德里克・戈斯特年僅12歲，便踏上旅程成為僕人。當時他是在當地牧師的介紹下，受雇成為住進神學院裡的童僕。他穿上僕人制服，負責服務及打雜。相較於他後來工作的公爵府邸及皇宮，算是十分謹慎的起步。

女主人說：「我會給我家的僕人足夠的食物，但是不允許有任何剩菜。」童僕說：「夫人您別擔心，我吃到撐破肚皮也不會有剩菜。」少年僕人正是食量大的年紀。取自《潘趣》1868年2月22日。

貴族及地主往往不喜歡雇用年幼男孩作為宅邸中的下人。有志成為僕人的男孩們會一面在小學上課，或等到畢業後到鄰近農家或商店裡幫忙。在那裡待上大約1年至1年半並習慣工作之後，再進入下一個階段。透過牧師或學校校長等當地的有力人士當仲介，或是看看報紙廣告、利用僕人介紹所等方式，從小職場一躍成為「紳士家的僕人」。

另一方面，如果是獵場看守人或是園丁的兒子，從小在幫忙父母時便學會了工作，在這些經驗的擔保下，一開始大多都能找到大豪宅的學徒工作。為了傳授專業技能，包含車夫以及馬夫在內的戶外僕人，一般都會建議盡可能採用年輕人。

少校說：「我不是說要掛到肩膀上。」體格上卻做不到。1892年1月23日。

這些男孩在踏上旅程時，心裡都在想些什麼呢？從開頭引用的弗雷德

候克漢廳（Holkham Hall）的僕人和獵場看守人。1865年左右。

里克・戈斯特的回憶中，傳達出一種焦慮及困惑的感覺，但也讓人感覺到強烈的期待感及興奮感。瀏覽各種資料即可發現，如果是女孩要離開家去當女僕時，她們會說「我想要馬上回家」、「為了幫助家計我別無選擇」、「必須遵從父母的決定」，許多證詞都直接表露出她們十分不安。但是對勞工階級的男孩來說，為了工作而離開家裡，應該是意味著自力更生，尤其是脫離母親庇護獨立生活。離別的瞬間也許非常難受，但是經過幾十年後再回首，會讓人想起這就像是一種下決定心取得成功的儀式。

馬夫稍正式的服裝（左）。右側是車夫大衣。有很多肩章及鈕釦等。1848年。

僕人生涯從家童開始

在室內工作的男性家僕，有各種童僕職位作為他們職業生涯的起點。首先是「家童（Hall boy）」。這裡的大廳（Hall）所代表之意有2種說法，其一是工作人員吃飯和休息時使用的「僕人大廳」，其二是他們忙於雜事時來回穿梭的「走廊」。他們需幫忙屋內所有職務的雜事工作，搬運煤炭等勞力工作、負責提供僕人的餐點。除此之外，依據主要分派的工作，他們也會被稱作刀童（Knife Boy）、靴童（Boots Boy）（＊嚴格來說稱作「Boot Boy」）和燈童（Lamp Boy）等等。保養刀具、擦鞋和擦燈，都是家中最低階的工作人員承擔的髒活。

一九一五年左右，第一次世界大戰爆發後，戈登・格里梅特（Gordon Grimmett）藉由一家大型僕人介紹所「亨特夫人」，在巴斯（Bath）侯爵建於威爾希爾的朗利特莊園（Longleat House）找到了燈童的工作。他對於自己被採用的職位一無所知，於是到處向家族及地方上的熟人打聽，卻沒有人給他一個滿意的答案。家族規模愈龐大，工作人員的數量就愈多，工作內容便會區分得十分詳細。在大豪宅裡會有一個專門負責燈的工作人員，這種事情對一般人來說根本無從想像。「你去了就會知道」——他的母親如此說道。

馬夫的便服（左）和正式服裝（右）。取自約翰・庫茨（John Coots）的《專業裁縫室的實用指南》1848年。

戈登帶著他買來的二手棕色鐵皮箱子，搭上火車並踏上旅程。不安的感覺重重地壓在他的胸口上。但是他用樂觀的態度面對一切，心想：「這是一場冒險。而且我有一個隨時都能回去的家。」

朗利特莊園裡用了無數盞燈，「幾乎不可能由一個人處理得完」。主人巴斯侯爵不喜歡煤氣也不喜歡電氣，一直都使用油燈和蠟燭作為主要照明。戈登每天都必須回收油燈，清潔後再用專用剪刀修剪燈芯，並補充煤油。雜役工和總管室男僕會來幫忙，但如果這樣還是來不及完成工作時，總管便會再派男僕過來。

朗利特莊園。建於16世紀歷史悠久的大豪宅，現在已經成為適合家庭入住的觀光設施，並附設一座野生動物園。

朗利特莊園的會客室，內部裝潢豪奢、貼著天鵝絨壁紙。

朗利特莊園的圖書室，有著裝飾華麗的天花板。照片拍攝於1899年左右。

「服侍管家？」

這段敘述中又出現了一種家童——總管室童僕，這也屬於較低微的家童。一九三〇年代曾擔任過這個職位的喬治・華盛頓表示，總管室童僕的主要工作是「管理總管室，並擔任管家的隨侍（Valette）」。一句話中，就有總管、管家、隨侍這3種職務名稱參雜其中，實在教人眼花撩亂。

總管和管家之間的界線十分模糊。某本回憶錄中提到，同一個人不但會被稱作總管，也會被叫作管家。雖然有總管室這個辦公室存在，實際上一直在使用這間辦公室的人卻是管家。

無論是總管室、大廳、燈火，各種工作都是由家童們在負責。他們的身分還不被允許出現在客人或家族面前。反而要伺候其他僕人，讓人使喚去做雜務，並擔任管家的隨侍，等待晉升的機會。

出生於19世紀末的歐尼斯特・金回

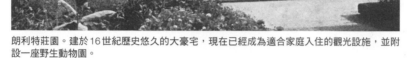

憶，他當家童時的主人就是一名管家。

「我一邊服侍一邊唸著：『是的，先生。不是，先生。整整3袋，先生。』（＊傳統童謠「咩咩羊先生」的歪歌）。我想我第一次瞭解僕人的工作，大概就是透過當僕人的僕人才學會的。」

進入大豪宅工作的家童們，都是像這樣從卑微的職位展開自己的職業生涯的。

在小別墅裡被叫來打雜的家童。取自《卡塞爾家庭雜誌》1883年。

褒貶不一的童僕

打雜的家童們，一整天都被家裡的工作追著跑，所以不需要正式制服，通常會穿著日常便服工作。但是其中也有些家童會一邊打雜，一邊穿著獨特的僕人制服跑腿、接待客人、服侍主人用餐。他們就是童僕。

一八八〇年出版的《僕人實用指南》一書中，便提到關於這種童僕的嚴厲意見。因為沒有預算雇用成年男性的僕人，而只雇用一名童僕的家族十分罕見，畢竟根本派不上用場。「這個年紀的男孩通常最難管教」，只要工作地點有小孩子在，他們就會不顧工作、只顧玩耍。不但沒有拿著沉重托盤移動的體格，也不懂得技巧，倒不如選擇穩重能幹的客廳女僕更加理想。據說只有在擁有好幾名男性僕人的大家族，需要雇用臨時幫手的情況下，童僕才能看出作用。

農村出身不學無術的靴童，向家庭女僕詢問看不懂的字，但是她大概也不會知道。取自《潘趣》1898年5月28日。

「喂，你可能以為你爸爸給你穿僕人制服，自己就是一名男僕了，其實你只是一個童僕罷了！快去換上有鈕釦的制服！」男僕和童僕之間的區別，在於他們的衣服與年齡不同，接下來便要看雇主想要如何稱呼他們了。取自《潘趣》1865年3月25日。

一名中產階級的女士，在朋友拜託下擔任女管家一職。她和童僕一起努力洗碗。取自《卡塞爾家庭雜誌》1895年。

在這些描述當中，隱約可見到階級意識的影子。中產階級的家庭雖然想仿效大貴族雇用男性僕人，卻缺乏預算而給年輕男孩穿上制服裝作僕人的模樣，實在令人可笑。這本指南的作家恐怕是想批評這種「中產階級的虛榮心」吧。

中產階級的童僕，也經常出現在雜誌《潘趣》的諷刺畫中。他們雖然穿著有3排鈕釦的乾淨制服，卻是舉止粗魯又不會看場合、愛惹事生非的頑皮男孩，角色就像小丑一樣。

無論在指南書或諷刺雜誌上如何被人揶揄，童僕還是再三成為漫畫題材，可見應該還是需要他們的存在。有些童僕並不是在私人住宅，而是在飯店及俱樂部工作。在街上也可以看到一些男孩儀表堂堂地穿著制服，或許之後就能成為僕人了。對於大多數女孩來說，女僕制服及女僕帽的裝扮

一位女士在責罵派去跑腿後遲遲不回的童僕。「我猜他正在和那邊的管家一起看《潘趣》。」取自《潘趣》1863年1月24日。

會令她們感到絕望且十分厭惡，而男孩對制服的反應卻正好相反。

僕人制服是飛黃騰達的證明

話說回來，這裡提到的男性僕人「制服」是怎樣的服裝呢？雖然是工作時穿的服裝，卻有許多裝飾，功能性反而較差。但是這些服裝不僅是工作服而已。中世紀貴族們都會戴上家族徽章，率領著一群武裝家臣；而近代的男僕及童僕，就是這些家臣的後裔。

客廳女僕正糾正童僕粗俗的用詞遣字，但是自己也帶著庶民口音。取自《潘趣》1884年3月29日。

「LSVP是什麼的簡稱？」「當然是Lamp、Steak、Veal和Pie」。（實際上是「需要回覆」的法語縮寫）取自《潘趣》1892年7月2日。

僕人制服的顏色大多十分鮮豔，而會穿著制服的人都是一眼就能看到的職位，諸如車夫、馬夫、門衛、男僕、童僕等等。而且男性僕人的制服與工作用的套裝，通常每年都會由主人出錢提供數套。

女性僕人穿著的則是跳脫中世紀傳統的制服。原則上，剛開始工作時必須自己備妥帶來。換句話說，主人們會讓女僕自掏腰包購買實用的制服、給男性穿昂貴的裝飾性服裝。觀察對制服的心態差異，可以發現當時的人對男女所期望的角色不同。

說到這裡，要請弗雷德里克・戈斯特再次登場。他在神學院當童僕時，十分雀躍地從衣櫥裡發現了他的第一套制服。

「深紅色外套加上鮮紅色衣領與白色鑲邊，深藍色長褲上用釦子小心翼翼地扣上。閃閃發光的上衣鈕釦共有8顆。我無法抗拒想要馬上穿上這套衣服的衝動。」

然而，正當他將腳套進褲子的瞬間，管家泰勒先生走過來說：「制服似乎很合身。至少下半身是合身的。上一個童僕是衣服很合身，本人卻不適合這份工作。」

換句話說，這套神學院童僕的制服，是前任童僕的舊衣服。弗雷德里克・戈斯特擁有屬於自己的全新制服，是在這裡工作2年多，接著轉往下一個工作場所擔任年輕男僕的時候。最初的一個禮拜，他都在拋光銀器和布置桌子的忙碌生活中度過，忙到手指幾乎快要抽筋了。即便如此，他還是說：「當我的制服終於送到的時候，我的心情感覺好多了。」

而這棟花園莊園（Garden Park）宅邸的男僕服裝，如下所述：

典型童僕制服（左）。右邊是被人稱作泰格的年輕僕人，穿著車夫服裝跟著馬車。取自約翰・庫茨《專業裁縫室的實用指南》1848年。

童僕制服的特色是外套上會有1排或3排小金屬鈕釦。《潘趣》1892年12月24日。

「深紫色的羊毛禮服，搭配同色背心，裝飾著銀色鈕釦。我第一次穿上白色圓領的正裝襯衫，還別上了白色凸紋布（＊一種棉織物）製成的蝴蝶領結。我一直記得第一次看到童僕制服時的興奮之情，但是這次的這套服裝更好，完全合身。」

這裡的男僕制服是深紫色的，其實每個家族都會有自己的傳統顏色。除了紅色及紫色，有些家族會讓男僕穿上藍色或綠色制服。戈登・格里梅特在當了約1年的燈童後，在同一棟宅邸裡被晉升為第三男僕。他被要求穿上候爵家制服，而制服的模樣如下：

「上衣是芥末色。裡面穿著銀色飾帶的黑色背心。下面是及膝長褲。厚實的絲襪在腳踝處有複雜的刺繡圖案。」

這套朗利特莊園的制服，是來自18世紀的設計。在其他家庭也有19世紀至20世紀初的男僕服裝，大概都是承繼自18世紀的紳士服裝而來。及膝長褲、假髮及肩章等等，都是這段歷史的遺跡。即使在19世紀維多利亞時代的紳士們已經放棄假髮，男僕們仍然戴著假髮持續了一段時間。當這些男僕也不再戴假髮之後，有時會要求他們在頭髮上撒粉讓頭髮變白。有些家族還會使用特殊的白髮粉，不過大多用麵粉取代。

相對於正式服裝，接著來說說便服的部分。上衣是將紳士燕尾服尾端裁短一點的緊身短上衣（Coatee），加上橫紋背心與長褲的裝扮。由此可見，較短的男士長褲歷來都被視為正式服裝。

男僕外出最正式的禮服（左）。帶有羽毛的三角帽、肩章、白色長筒襪和禮儀手杖。右邊是大衣。1848年。

男僕的室內制服（左）與禮服（右）。左邊是深色上衣加橫紋背心，右邊是撒上白髮粉讓頭髮變白。1848年。

登上男僕的階梯

從打雜的童僕變成男僕、穿上僕人制服這件事，意味著在階級分明的僕人社會中晉升一個等級。家童一邊在幕後工作一邊等待機會，當高層出現空缺，或是前輩休假時，他們總是馬上取而代之並逐漸往上攀升。受到主人喜歡而獲得大幅晉升的例子，也是處處可見。

不過，如果一直待在同一個地方工作，總有一天將無法繼續升遷。舉例來說，頂多能晉升到類似男僕這類下級僕人的最高層為止，許多家族都會從外面招聘有經驗的人，填補管家在內的高級僕人職缺。因為一般認為，過去的同事若發展成上司與下屬的關係，指揮系統就會出現問題。至於升遷到多高的位子會面臨瓶頸，這條界線在每個家族都不一樣。

歐尼斯特・金成為第二男僕，並穿上他的第一件制服時，是在他18歲的時候。據他所言，男性僕人若要飛黃騰達，就必須換工作才行。

「男性僕人為了在這一行出人頭地，就得一直換工作，從一個工作地點換到另一個工作地點，不斷充實經驗，學會愈來愈多知識。話雖如此，在每一個工作地點至少都得待上2年，才能獲得寶貴的通行證——介紹信。類似家僕（＊與家童一樣的打雜工作）或是

約翰・譚尼爾（John Tenniel）在路易斯・卡羅（Lewis Carroll）的《愛麗絲夢遊仙境》中的插畫。魚臉男僕也戴上了外出用的正裝帽子，出來迎接的蛙臉男僕則是戴著假髮、穿上室內制服的模樣。

男僕這種階級的僕人，通常都多到不行，所以除非能夠證明擁有2年的工作經驗，否則沒有人會雇用他們。」

比起只有一名男性僕人的家庭，擁有管家、男僕、童僕的家族會更好；比起小型聯排別墅，鄉村別墅會更理想；比起新暴發戶，貴族的地位會更高。野心勃勃的下級男性僕人，會換到地位更高的工作地點，這時自己的身價將水漲船高，有利於飛黃騰達。

從戶外移至室內

有些人不只要直線上升，他們會在中途意識到自己想走的路，於是大幅改變路線。喬治・斯林斯比就是其中一人。他在上學期間，就一邊開始幫忙他的園丁父親。後來在14歲畢業時，便成為薩維爾男爵宅邸拉福德修道院的園丁學徒（Garden Boy）。

園丁們通常在屋子外面工作，但是

布倫海姆宮（Blenheim Palace）的門衛。會視天氣好壞、宅邸內有無特別活動，負責將4種類型的旗幟插在宅邸屋頂上。

里奇菲爾德（Ridgefield）伯爵的主要據點。斯塔福郡宅邸沙古巴拉的男僕，室內用的制服裝扮。1920年代。

布倫海姆宮車夫最正式的服裝，1900年左右。雖然是黑白照片，實際上卻有紅色加金色的線條，非常華麗。

女主人說：「我以為所有僕人都十分心滿意足了。」男僕說：「是的，我沒有什麼怨言。不過我的朋友說，像我長得這麼好看的年輕人，應該在馬車後方會站著2名男僕的家裡工作才對。」即使他們沒有明說，但是每個人都會為了飛黃騰達而換工作。取自《潘趣》1863年6月6日。

在迎接國王、需要盛情款待時，他們就會進入宅邸內負責花藝裝飾。喬治也在首席園丁帶領下踏進宅邸。為了避免刮傷拋光的地板，他穿上雌鹿皮革製的莫卡辛鞋，圍著一條口袋很深的粗呢（＊厚實的毛呢布）圍裙。

喬治站在偌大的大廳前無法言語。巨大的水晶枝形吊燈，在牆壁美麗的掛毯上投射出彩虹色光芒。年長的園丁抿嘴一笑，推了一下喬治：「小伙子，你走快一點，閉上你的嘴。別好像你沒見過世面一樣。」

位於諾丁罕郡的拉福德修道院。圖片為19世紀末作為社交聚會場所時繁榮興盛的模樣，現在已經是半崩壞狀態並開放參觀。

喬治確實從未見過，之後他接連目擊宅邸「表面上」的豪華房間、大樓梯、長廊、宴會廳。園丁們用溫室的鮮花和蕨類植物著手裝點；男孩一邊幫忙工作，一邊觀察周圍的環境。

當工作告一段落後，喬治在僕人大廳用餐，並從另一個部門的工作人員口中，聽說一套帶有徽章、用來招待國王的純金成套餐具。隔天晚上，他在一名熟識的可愛女僕帶領下，悄悄溜進屋內，偷看了準備周全的宴會廳。

4盞枝形吊燈、1張拋光長、裝飾著金箔並鋪上深紅色天鵝絨的椅子。水晶玻璃的洗指碗飾有玫瑰花蕾，銀色餐具在燭光下閃閃發光，餐巾折疊成睡蓮形狀且一塵不染。此外，還有金色成套餐具正發出閃耀的光芒。

此時喬治・斯林斯比下定決心，要成為室內的工作人員。他要改當家童，目標是成為最高層的室內僕人。

他在拉福德修道院生活得十分舒適，對自己的待遇沒有任何不滿，但是在他快要17歲的一九〇五年左右，他決定要換工作了。因為他曾經聽說「如果在20歲之前，還沒有找到晉升至樓上房間的工作，就會一輩子都待在底層」。

喬治・斯林斯比的父母。他的父親在一個名叫巴布沃斯廳（Babworth Hall）的地主宅邸當園丁。

魅惑的小腿和身高

做到男僕職位的年輕人們，為了尋求進一步的晉升而不斷換工作。在選拔標準上，尤其重視的就是外表和身高。一八六一年出版的《比頓夫人家政書》中便如此寫道：

「（選拔標準）看似微不足道，卻能造成

後頭貨車的驢子啃咬了塞在男僕小腿裡的稻草。取自《潘趣》1864年9月17日。

裝飾華麗的餐桌旁是管家與一群男僕。教授說：「聽說這家聘請了倫敦最好的法國廚師？我們就先不閒聊了，專心享用美食吧。」美食比美女更重要。取自《潘趣》1876年5月6日。

極大差異。上流社會的女士在選擇男僕時，如果只看身高、體型、小腿外型做決定，就難怪只找到對雇主毫無忠誠度的人。這種人只會想著自己站在馬車後面時的樣子，或是要熬夜到多晚、可以拿多高的薪資、能不能浪費食物、工作上會得到多少好處。」

當時非常受歡迎的家事指南書特別指出這點事實，由此可知這樣的人並不在少數。對18世紀的男性而言，包裹在及膝長褲和絲襪中的修長小腿，是非常重要的展示重點。看來這種魅力在100年後也被男僕傳承下去了。

英俊男僕齊集一堂的佩特沃斯莊園（Petworth House）。深藍色上衣、黑色長毛絨及膝長褲、帶有徽章的銀色鈕釦。約1904～1905年的照片。

只不過，對於男性僕人的職業生涯來說，身高的影響遠比小腿大得多。

根據查爾斯・布思（Charles Booth）的說法，19世紀末，男僕的身高和薪資之間存在關聯性。如果是第一男僕，身高在5英尺6英寸（167・6公分）的話，年薪不到30磅。身高有5英尺10英寸（177・8公分）至6英尺（182・9公分）的話，年薪為32至40磅。意味著身高愈高，愈能找到一份好工作。

有些家族會選擇2名身高和體型相同的男性作為「配對男僕」。為了禮儀用途，讓兩人做相同動作，或是並列在馬車後頭及玄關處。

當事者也留下許多證詞。例如查爾斯・庫珀在一八九〇年代正值17歲的時候，曾經在一個家族裡擔任男僕。只不過，別人認為他身體太過虛弱，無力搬運重物，而被建議另謀出路。

換言之，有人委婉地告訴他被解雇了。幸好，他不費吹灰之力便找到下一份工作。因為此時他的身高已經長到6英尺2英寸（188公分）了。

反之，當然也有人因為身高不夠高而處處碰壁。埃里克・霍恩*（Eric Horn）的身高長到5英尺9英寸（175・3公分）時便停止發育，於是他放棄了成為皇室管家的野心。因為普遍認為，皇宮裡的僕人尤其需要個子很高。根據歐尼斯特・金的說法，如果是第一次世界大戰前的標準，身高必須在5英尺10英寸到6英尺之間才會被皇室採用。

一九二〇年代中期，瑪格麗特・鮑威爾（Margaret Powell）在一個海濱度假勝地的富有牧師家中擔任廚房女僕，她第一眼見到走出玄關的管家時，有下述這樣的感想。

「這裡的管家非常矮小。通常提到管家時，都會讓人聯想到身材高大又莊重威嚴的人。」

換句話說，以身高為武器擊敗對手並倖存下來的男僕，最終樣貌就是隨侍或管家。

＊埃里克・霍恩

19世紀中葉出生於南安普敦附近小鎮的貧困家庭。從小宅裡獨自工作的管家，到男爵、伯爵、侯爵、俄羅斯流亡皇室及印度王子等各種家族裡工作。著有將登場人物改用匿名稱呼的回憶錄，《管家眨眼的事情（What the Bulter Winked at）》（1923年）和《更多眨眼（More Winks）》（1933年）。

小童僕和身材高大又傲慢的男僕。雖說是漫畫，但可見身高差距十分顯著。取自《潘趣》1892年1月9日。

身高不輸高禮帽的管家在玄關前迎接。取自《潘趣》1894年2月17日。

問題在於
你是隨侍還是管家

過了身穿僕人制服即為飛黃騰達的時期之後，只要繼續向前邁進，就會來到脫去這身制服的時刻。諸如隨侍、管家、總管，對於被視為上級僕人的這些人來說，主人不會再提供制服，因此他們會適時穿上個人便服。

進行面試的侯爵。「香氣濃烈的雪茄煙可以接受嗎？我以前的隨侍因為我的雪茄煙味道而離職了。」主人穿著長袍，隨侍穿著樸素的晨禮服，手上拿著圓頂硬帽。取自《潘趣》1886年3月20日。

隨侍會全心全意地照顧一位主人；管家則負責監督整個家庭。每個人需要的天分都不同。這時必須思考的重點就是自己適合哪方面的工作，要為一個人盡心盡力、還是掌控下屬？還有，思考怎麼做才能帶來更好的生活。

男僕的主要工作，是在餐桌上提供服務、接待客人以及保養銀器等等。不過有時會有額外的工作，就是被派去照顧沒有自帶隨侍的留宿客人，提供貼身需求。此外，也有一些家族將第一男僕稱作「貴婦男僕」或「旅行男僕」，讓他專門在夫人外出或旅行時提供協助。在這樣的位置上待過一段時間，有過代理隨侍或是指揮旅行的經驗之後，就算是已經完全準備好成為專任隨侍了。

侯爵夫人外出。車夫打開門等候，2名身高相同的男僕從夫人身後出現，手裡捧著寵物狗和要帶去帽子店的布料盒子。引用自喬治・羅伯特・西姆斯編輯的《倫敦生活》（1902年）。

從主人的角度來看，隨侍就是能將自己的私生活全部託付給對方的人。也許是因為需要值得信賴的背書，一旦做到這個層級之後，換工作的途徑大多就是靠口耳相傳。有些人會讓自己家裡滿意的男僕晉升，有些人也會依靠親戚朋友的推薦。

喬治・斯林斯比在18歲的時候，有人提供他一份地主宅邸的管家工作，他考慮之後便答應了。18歲便成為管家，真的是非常年輕。在約莫100年前的英國，人們普遍認為如果要應徵管家的職務，至少也要超過30歲。

話說回來，如果你相信一名女孩親筆寫下的傳記內容，據說喬治・斯林斯比年輕時就非常有能力，儘管經歷過一些失敗，但他還是成功地適應了管家的工作。可是，過了大約1年半之後，他開始覺得他的個性不適合這份工作，欠缺當男僕時的排場。他必須像一位嚴厲的父親一樣，與其他的工作人員保持距離，因此備感孤單。雖然他已經做到僕人的最高層，但他還是覺得「被無趣的日子困住了」，於是刻意降低層級，應徵波特蘭公爵家的男僕，後來決定成為一名隨侍。

管家為了管理下屬，必須戴上嚴厲的面具；隨侍需要善解人意，才能安撫主人。在家裡奠定地位的管家，與跟隨主人四處奔波的隨侍，雖然容易被人混為一談，而且兼任這兩項工作的人也很多，但是這兩種職務可說本質上就截然不同。

知名管家的經歷

為了瞭解通往最高層地位的過程，這裡要參閱埃德溫・李的職業生涯。

管家給人的印象，就是留著落腮鬍和鬢角的中年男子，個子很高但是肚子卻往橫向發展。《潘趣》1906年日曆。

一九一二年，他在24歲時來到阿斯特家擔任第一男僕。一開始他飽受反覆無常且個性強硬的女主人折騰，感到筋疲力盡，但是他非常努力地讓女主人能夠接受他，堅定不移地說：「我盡己所能努力工作，工作會為我辯解。但是，如果要在這份工作上挑我毛病，不管對方是阿斯特夫人或是其他任何人，我都會加以反駁。」儘管這是一條艱難的道路，但是這個做法隨著時間展現出了效果。

幾個月後，他也已經適應環境並開始享受日常生活，這時客廳男僕的職位出現空缺，於是他決定加入這個行列。這個職位主要負責維持會客室和客廳的美觀，相當於高級版男僕。

雖然阿斯特先生已經有隨侍，但是這名男子是貪玩的夜貓子，早上無法負責叫醒主人的工作。不久後，這個隨侍當然就被解雇了。由於阿斯特先生趕在2天後就要出國旅行，因此埃德溫・李便被要求代替隨侍一職。

此時的他還沒有足夠經驗，處於「這輩子還沒幫別人刮過鬍子」的狀態。距離出發僅剩48小時。他召集了男僕和家童當作練習對象，終於做足準備，總算不會被誤認為瘋狂理髮師（Sweeney Todd，＊將客人割喉的殺手）。

有一陣子，他一直兼任隨侍與客廳男僕的工作，但是沒過多久便爆發第一次世界大戰，他自願從軍。當他在一九一九年退伍之後，便依照從軍前與主人的約定，回到阿斯特家擔任專任隨侍。隔年，他便晉升為管家。最終，他在阿斯特家服務了超過半世紀之久，並且被譽為「克萊維登家的李爵士」。

他的能力和漫長的工作經歷，可能有別於一般印象中的管家。但是從他的故事中可以看出他腳踏實地的努力，當高層職位出現空缺時便竭盡

克萊維登的男性僕人們。包含管家及男僕們，站在中央的應該就是客廳男僕。

全力取而代之，如果技巧不夠純熟即加緊練習。也許就是像這樣日復一日的努力積累，才讓他在家族和僕人眼中，成為一位令人尊敬的知名管家。

不得已的降格與世道的變遷

有一次，埃里克・霍恩曾經被雇用為侯爵家的管家。由於主人喜歡住在倫敦以及其他的鄉村別墅，所以多數時間人都不在宅邸內。而且只有在侯爵留宿的這段時間，才有其他人會來到這裡接替管家的角色。這個臨時的管家為侯爵服務30多年後退休了，領到養老金後便一直住在當地的村莊。當老管家在的時候，埃里克・霍恩就會被降格成為客廳男僕。這種被人當作替身的心情，著實複雜。

「當時我比現在還年輕，所以很討厭被降格成客廳男僕。因為老親信的管家會來這裡指揮一切。我覺得我也能把工作做好。我向主人表示，自己並不喜歡在這種場合下擔任第二小提琴手的角色（＊扮演輔佐角色）。

『你說不想當第二小提琴手？』主人說：『你應該覺得能加入樂團就已經是很幸運的事了！』

這裡的確不是一個糟糕的工作場所，但是僕人們不但沒有保有舊習，也沒有團隊精神，這樣的觀念正在迅速消失當中。穿著制服，還有為這樣一個有名望的家族服務的榮耀，現在已經不復存在了。」

這名侯爵的心還停留在領主統治天下的往日美好時光。然而這個故事是發生在第一次世界大戰即將爆發的時代。根據埃里克的觀察，從戰地歸來的男人們心態已經發生變化。如果他們對工作一無所知，就會缺乏動力，也不會將服侍他人視為美德。

管家們這輩子的工作，被視為歷史、傳統和門第的象徵，卻也不禁受到了時代變遷的影響。

column

管家和隨侍的服裝

第一個人說：「我想要一支刀子和一把叉子。」第二人說：「傷腦筋，我也需要。」因一身紳士服裝與管家大同小異，被人認錯而感到不知所措。取自《潘趣》1891年2月21日。

身穿個人便服的僕人

男僕及童僕的服裝獨特，一眼就能認得出來。不過，管家與隨侍都是身穿個人便服的僕人，他們通常會穿著類似當時紳士的衣服。雖然市面上有販售管家專用服裝，但是並沒有專用制服。

當他們穿著和紳士一樣的服裝時，就必須在某些地方做出區別。基本的解決方式是使用比紳士服裝更便宜的材質，並縫製成復古剪裁。有一本指南書便曾經提出建議：「將沒有多餘裝飾的正式晚禮服，以最簡單的方式縫製成完全貼身的款式。」對比管家和紳士在當代所描繪的漫畫即可看出，管家服裝會比較趕不上潮流。

另一種方式是故意打破紳士的服裝規範。紳士在正式場合會佩戴白色領帶，管家則會打上黑色領帶，還會穿上與上衣不搭的褲子等等。

一八九〇年代後半期，弗雷德里克・戈斯特成為年輕男僕時，他回憶起第一次見到上司管家的早晨印象。

「7點30分，我匆匆踏進工作室，發現眼前站著一位我這輩子見過最優雅的男人——林古（Ring）先生。後來我聽說他曾經是一名王儲殿下的管家。但是此刻對我來說，他完全就和王儲殿下一模一樣！他套著直條紋的長褲，搭配燕尾外套，穿著時尚的珍珠灰緞面背心，腳踩黑色漆皮鞋。他的手指一直放在打好的灰色絲綢領帶上，一絲不苟地調整摺痕，再三檢查自己在鏡子中的模樣。」

就連一名在一九三〇年代的大豪宅裡當女僕的女性也證實，管家給人的印象總是一身低調的黑裝打扮。

「管家上午的服裝，通常是一般的柔軟白襯衫、黑色領帶、黑色背心加外套、細條紋長褲。當然，還有黑色繫帶鞋搭上襪子。到了晚上，則會穿著上過漿的硬挺白襯衫、白色蝴蝶領結、白色背心、外側有裝飾線條的黑色長褲、燕尾外套、漆皮鞋或高跟鞋。」

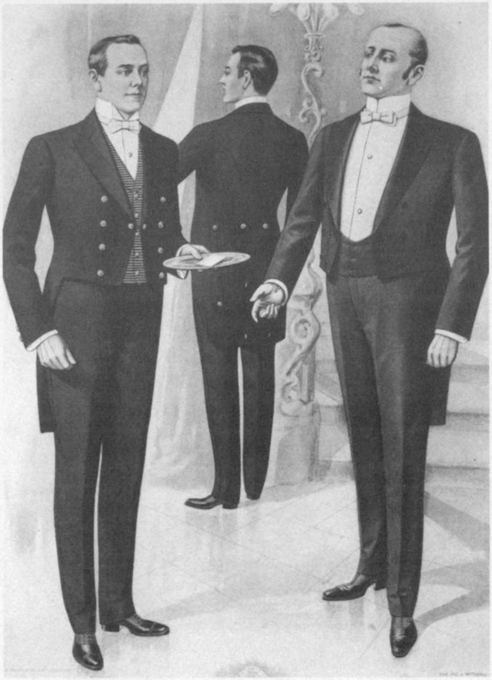

男僕（左）的室內用制服與管家服裝的樣本。引用自裁縫業雜誌《裁縫藝術雜誌》1900年夏季號。

無燕尾晚上服裝「夜小禮服（Dinner jacket）」。美國稱無尾禮服（Tuxedo）。1908年。

傳統的紳士高雅禮服。1908年哈洛德百貨公司的型錄。

晚餐或舞會等最正式的燕尾服。1908年。

晨裝外套，為上午的正裝。1908年。

可能在早上會穿著晨間套裝，晚上則換上燕尾套裝。

曾經是時尚達人的隨侍

埃里克・霍恩從一個下級管家晉升為侍從時，穿著的服裝如下所述。

「隨侍必須和他的主人一樣穿著得體。頭髮塗上大量髮油，通常會戴上戒指。而且隨侍自己穿得愈得體，別人的評價就會愈高。因為這意味著，你必須確保主人的衣服和靴子完美無瑕之外，自己身上的一切也都有照看到。」

我對於服裝的具體細節實在瞭解不多，不過文中反覆提到「得體」二字，由此可見一般都會要求隨侍要能適時跟上這個時代的潮流。身為全身行頭的看守人，自然要一手包辦主人的時尚品味。然而，他畢竟是一名僕人，一同外出旅行時，他還是必須一身老派裝扮，不能過於張揚。恰如其分是非常重要的一件事。

管家的時間表（1893年）

【早上】

6：45	查看主人夫妻的房間
7：30	給主人吉洛（Gilot）先生送茶，打開前門的鎖
8：00	僕人的早餐
9：00	若有彌撒則參加彌撒，或是晨禱
9：30	在客廳享用早餐
12：00	僕人的午餐（Dinner）

【下午】

1：15	在客廳享用午餐（Luncheon）
5：00	在會客室喝茶
7：00	主人的晚餐（Dinner）
8：15	僕人的晚餐（Supper）
9：15	晚禱
9：30	在會客室喝茶
1：00	關門，就寢

管家在工作室拋光銀器的模樣。依據基督教信仰給僕人啟發的雜誌，《僕人雜誌》1868年1月1日號。

第4章

管家的日常工作

管家的時間表

上表是一八九三年，主人在蘭開夏的禮頓堂（Leighton Hall）宅邸中，交給管家的一份備忘錄。這棟宅邸的主人吉洛家族，是18世紀靠家具製造業致富的工業資本家。只不過，19世紀初，一家之主自商界退休後，將宅邸重新裝潢成哥德式風格，開始了他的地主生活。因工業革命累積財富的上層中產階級，當他們達到某種程度的功成名就之後，往往會退出金錢和商業的世界，走向更典型的上層階級生活模式。因此，除了要擁有美麗的宅邸和領地之外，雇用經驗豐富且能幹的管家也是很重要的一環。

接著要來補充表中未列出的部分。大概會在早上6點左右起床。趁著早餐與午餐之間、午餐和晚餐之間，可能會記帳、監督銀器的保養，或是出來接待客人。接著到了晚上，會客室喝茶結束後，直到關門前也許還有一

年輕單身紳士的優雅早餐。隨侍經常會走入寢室查看情況，再悄悄退回。引用自喬治・羅伯特・西姆斯編輯的《倫敦生活》（1902年）。

主持人說：「聽說某位女士還是法官要來鎮上，我知道的話，一定會邀請的。」賓客心想：「我們當中有誰會被排除呢？」圓桌人數有限，卻也營造出親密氛圍。《潘趣》1886年12月11日。

當時於漢普郡博辛頓莊園（Bossington House）擔任男僕的彼得・懷特利，25歲左右。

夫人說：「史密瑟斯（Smithers），從現在起將早餐時間提前15分鐘。」管家說：「那麼請容我請辭。」夫人說：「你這話什麼意思？」管家說：「因為在這棟宅邸，諸位的事似乎比僕人更重要。」漫畫般顛倒的價值觀。《潘趣》1913年4月23日。

些自由時間。此外，會安排彌撒時間則是因為吉洛家屬於天主教家庭。這也反映出教派之間會出現不同的用語。

時間表體現了這家主人渴望的理想生活方式。不知道能達到怎樣的程度。此外，這嚴格的時間安排，在其他家族並不一定是相同的模式。

熬夜的妻子、早起的丈夫

一九二五年，查爾斯・迪恩（Charles Dean）在大富翁的女兒愛麗絲・阿斯特和她丈夫的家中，找到一份管家兼隨侍的工作。這位女主人年僅22歲左右，屬於一群被稱為「Faster Set」的享樂主義青年團體。

「一開始我以為她是個吹毛求疵、十分難搞的女人。她經常熬夜，每天早上都會睡到11點。因此，家裡的工作都要往後推遲。由於不能發出聲音，所以也不可能進行打掃。直到正午依舊無法隨意走動這件事，對於管家來

大豪宅的管家帶客人參觀引以為傲的酒窖。參觀完上等葡萄酒後……。「醫生說威士忌比其他酒更好，所以我都只喝威士忌，比較少喝葡萄酒。」《潘趣》1876 年1月29日。

哈伍德伯爵（Earl of Harewood）的主要據點「哈伍德宮（Harwood House）」。豪華的上層房間和保存完好的僕人區域，目前對外開放參觀。他在20世紀迎娶了喬治六世的妹妹瑪麗公主，與皇室攀上關係。

說很不方便。我花了很長一段時間，才終於習慣晚睡晚起的生活。」

不久後他開始像做惡夢一樣，不斷犯錯，差點就要放棄管家工作了。幸好女主人察覺到他的異狀，跟他說：「迪恩，我知道自己是一個很難服侍的人。你不必擔心我。」因此迪恩開始不去在乎她說了什麼，適應這樣的生活。

還有一位雇主與愛麗絲・阿斯特完全相反，屬於早睡早起的人。來到晚一點的時代，彼得・懷特利從一九六〇年開始擔任博伊德（Boyd）爵士的管家。這位博伊德爵士不僅是一位著名的政治家，同時還是以啤酒聞名的吉尼斯公司（Guinness Company）的董事。彼得對於博伊德爵士的描述如下：「他是我服侍過的雇主當中，最忙碌的一個男人」。

當他在早上7點15分查看主人的房間時，博伊德爵士已經被堆積如山的文件包圍，在床上開始工作了。博伊德爵士片刻都不休息，每天都會交給他預約見面的客人名單。因為身為管家的他，必須掌握主人何時要與誰碰面、要穿著什麼服裝。

不管是早睡早起、還是晚睡晚起的人，100年前家僕的工作時間普遍都比現代來得長。不過類似管家及總管這類最高層的僕人，早上還是能比其他工作人員多睡一點。因為底層的家童都會來管家房間叫醒他。那時這些男孩應該都要完成一大早的工作了，例如：將爐灶的火升好等等。

管家的本分——管理大豪宅的酒窖

正如在第一章中所看到的，管家的起源是中世紀貴族宅邸中，葡萄酒和啤酒的保管人。即便到了19世紀或20世紀，當人事、會計等總管的重責大任落到管家身上時，管家仍然與酒精飲料息息相關。

管家會在酒窖簿上詳細記錄喝了什麼酒、喝了多少酒，並查看缺少的酒類，定期接受主人的檢查。

貴族及大地主的酒窖裡，儲藏著數量驚人的酒精飲料。例如19世紀初期，建於英格蘭北部利茲郊區的伯爵府邸哈伍德莊園，便有波特酒和雪莉酒各2千多瓶，以及被稱作馬德拉酒、卡爾卡貝拉酒的葡萄酒各1千多瓶。另外在酒窖簿上，還記錄了白蘭地、蘭姆酒、香檳、其他各產區的紅酒和白酒。數量之多，讓人難以相信這是屬於個人家中倉庫的私藏。這裡也許已經不能算是私人生活領域，而是類似派對場所的集合地了。

虛有其表的紳士說：「這個羅曼尼康帝明明價格不菲，卻有些渾濁。」新管家說：「完全沒有問題。前幾天我已經喝光一瓶確認過了，的確是一級品！」根本是品嚐過量。取自《潘趣》1891年10月10日。

大豪宅的酒窖通常設置於地底下。石造建築即使在夏天也十分涼爽，還配備了清洗酒瓶的水槽等等。管家們通常會在這裡工作，例如將整桶進貨的葡萄酒重新裝瓶，或是過濾日常供應的葡萄酒再進行醒酒。

除了這個巨大的酒窖之外，有些家族還會同時設置一個小規模的倉庫，稱為「管家的地窖」。主要的酒窖由主人管理，只有近期預計會使用到的葡萄酒才會依需求取出，移交管家管理。站在主人的立場，都會希望避免珍貴葡萄酒被沒有經驗的管家糟蹋，或是被嗜酒的僕人擅自飲用。根據《僕人實用指南書》的記載，在19世紀下半葉，似乎很少有雇主會將酒窖的鑰匙全部交由管家保管。

另一方面，肯定也有一些雇主認為酒窖應該屬於管家的領域，自己並不願意踏入其中。還有主人和管家合力改善酒窖的例子。一九三〇年代，曾經擔任管家兼隨侍的查爾斯・迪恩便向精通葡萄酒的主人學習，一同反覆品酒，探索葡萄酒與食物的搭配。主人對於酒的思維，強烈地反映在酒窖的處置方式上。

拋光、拋光、拚命地拋光

就像與葡萄酒相關的工作一樣，有一些管家的日常工作非常重要，但是

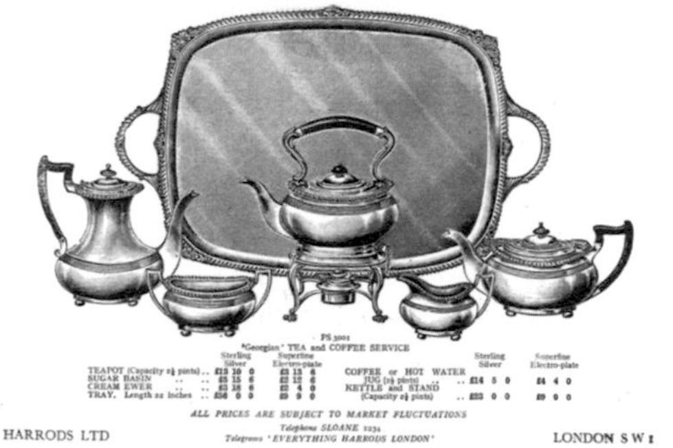

引用自哈洛德百貨公司1929 年的目錄。喬治國王時代（18～19世紀初）風格的茶與咖啡銀器。又重又貴的托盤、茶壺、奶油壺、水壺和爐座、砂糖壺、咖啡或熱水壺。

外人卻看不到，例如：銀器的保養。

金銀餐具、餐桌裝飾及燭台等等，都是晚宴招待的重點。這些銀器的保養由「管家工作室」負責。如果是有多名男僕的大豪宅，管家只需要監督他們工作，但是人手不夠的時候，就得自己動手了。

工作室通常會附有一個金庫，或是貴重物品櫃，專門用來存放銀器。這個房間一般會設在管家工作室的後方，只能從管家前面經過才能進入，從通道或是屋外都無法直接進入。每次使用時會從保管室取出，用完後會清洗、擦拭乾淨，放回去之後再慎重地鎖起來。

此外，樓上的餐桌上除了銀器之外，還會使用昂貴的陶瓷器，這部分

銀器粉的廣告。應該是維多利亞時代的產品。

屬於女管家和女性僕人的管轄範圍。

一九〇八年，歐內斯特・金成為客廳男僕的第一個早晨，有人教他如何將銀器拋光，讓他印象深刻。他使用了「胭脂」。這是一種用來拋光貴金屬的鐵丹，屬於氧化鐵的粉末。

他遵循前輩男僕的做法，將胭脂粉放在盤子上，與氨水混合。再將手指浸入糊狀物中，並抹在銀器上摩擦。他認為這項工作是所有僕人工作中最困難的工作。每次用力摩擦時，手指就會非常疼痛並起水泡。

「但是在那個時候，即使家童們怨聲載道，別人也只會跟你說做到習慣為止。你只能繼續做下去。不久後水泡就會破裂，即便再痛也要繼續下去的期間，就會練就一雙『銀器之手』了。到這個地步，你就不會再起水泡。以前男僕的手，就是因為這項工作才會變得像木板一樣堅硬。」

因此隨著拋光銀器而變硬的手，才被稱為「銀器之手」。儘管一開始會很痛苦，但不久後他就會為拋光銀器感到著迷，如字面所示磨練出一身技能。

當工作成果離開他的雙手之後，不久便喚來出人頭地的機會。對方是愛上人妻後放棄王位而聞名的溫莎公爵（＊原愛德華八世）。公爵在歐內斯特・金工作的房子裡看到拿出來的銀器，感到十分佩服，聽說那裡的管家已經是自由身後，便重金禮聘。

他一抵達，溫莎公爵馬上就表現出得到屬意管家的心情說：「金，我很高

女主人（對新管家）說：「詹姆斯，我今天下午在工作室發現了這個碗，已經缺損且破裂了。」管家說：「犯人不是我。我不會損壞或打破碗。因為我會讓它消失得無影無蹤。」取自《潘趣》1912年10月30日。

看到一個頭髮雪白的男僕走出來時，不瞭解白髮粉的美國紳士說：「看來他十分辛苦。」居然年紀輕輕就一頭白髮了。取自《潘趣》1883年7月28日。

淘氣少年說：「老爺爺，從下面數來第2個鈴噹，你試著拉4次看看！」重聽的老紳士說：「你說哪一個？」不久後，住在1樓的老婦人氣沖沖地跑出來。公寓住宅（平房）前的一景。取自《潘趣》1882年7月22日。

興你能來我這裡。」完全就像灰姑娘的故事一樣，只是銀器取代了玻璃鞋。

歐內斯特・金對自己擦鞋的本領，也是一直暗暗自豪。當初在服侍富豪希爾（Hill）先生的時候，主人突然把待在屋子裡的女客人都叫到一起，炫耀他穿在腳上的鞋子：「大家仔細看，是不是很厲害？這才叫作擦鞋。就是這樣！」全世界的雇主，通常都不會對日常微不足道的工作提出讚美。正因為如此，對於僕人來說，理解自己工作的真正價值並得到感謝，是非常重要的一件事。

擦拭某些物品的工作永無止境地持續著。不管物品多麼閃亮，只要用過一次就會很快變髒。既難受又痛苦，實在很折騰。但是全心投入眼前的工作，完美達成的滿足感，一定會成為一種力量讓人克服每一天。他偶爾也會忍不住在自傳中，一遍又一遍地寫下被主人誇獎的事情。展示在餐桌上閃閃發亮的銀器背後，蘊藏著管家們對工作的愛與恨。

「樓下入口」的點滴回憶

一名前家僕講述了一段常見的軼事。這是關於僕人專用側門讓人苦樂參半的回憶。

英國的老建築一般會分成一個正門和一個側門，家族的客人使用正門，管家、女僕以及運送貨物的商人等使用側門。這個「下級」的出入口，如果是聯排別墅的話，就會位在前門側邊外部樓梯下方的半地下，或是依建築構造設在後巷一帶。如果是在鄉村別墅的話，則是位在花草叢或是穿過石造拱門後不起眼的內側。會有一塊牌子寫著「商人由此出入」，還有紳士淑女用與其他人使用的2個呼叫鈴。

一名為了來神學院當童僕的少年弗雷德里克・戈斯特，對這個系統感到不知所措。他爬上寬闊的樓梯，站在正面的玄關大門前，拉動大型鍛鐵門環。結果馬上發出巨大聲響，「就像一群禿鼻烏鴉從橡樹林中飛起一樣」。

一位贊助婦女關懷協會的夫人前來探望女僕，童僕卻說：「請您繞到側門去！」關懷協會成立於1875 年，是英格蘭教會附屬慈善團體。取自《潘趣》1896年5月2日。

動作敏捷的男僕（奧運短跑選手候選人）以大幅優勢超越客人，通報說：「夫人，詹金斯（Jenkins）先生到了。」取自《潘趣》1913年11月19日。

「門很快就打開了，走出一名身材高大的男人。他有著一頭銀髮和一張紅臉，穿著黑色服裝。

『你是何人？』他說。

『我是弗雷德里克・戈斯特。新來的童僕。』

『原來就是你，我好像有聽說。現在請你繞到後面去。那裡才是你使用的入口。你必須從側門進去！』」

弗雷德里克這時赫然發覺「到第一個工作場所還不到5分鐘，自己就已經犯下第一個錯誤了」。分辨側門的經驗，算是身為僕人意識到自己地位的第一個儀式。

順便解釋一下，在以英國家僕世界為主題的影像作品中，類似這樣關於側門的對話，似乎經常出現在故事開頭。一九七一年的《樓上樓下（Upstairs downstairs）》和二〇〇一年的《謎霧莊園（Gosford Park）》也紛紛沿襲，堪稱十分經典的表現方式。透過登場人物的角度所經歷的第一次衝擊，觀眾能夠感受到主人們居住的「樓上」，與僕人們居住的「樓下」之間的距離。

查爾斯・迪恩描述的側門記憶，比起電影或戲劇更扭曲。事情就發生在他第一次來到阿斯特家的聯排別墅時。

「我爬上樓梯來到大門玄關，按下了門鈴。結果走出一名身穿僕人制服、十分文雅的年輕男僕。我請他去叫管家李先生。

『你是來應徵下級管家的人吧？』他輕聲問。

『沒錯。』我回答。

『那麼，可以麻煩你繞到側門去嗎？請你走下乾壕溝後，按下那裡的呼叫鈴。這扇門是阿斯特先生和夫人，以及他們的客人專用的。』

我感覺身高變矮成只有1英尺（＊30・5公分），同時照他說的去做了。結果令我驚訝的是，打開下方的門出現的人，居然是剛才同一個男僕。他一副笑容滿面的模樣。

『我一直期待能說出這句話。』他說。

『我一開始做這份工作時，做了同樣的事，後來受到像現在這樣的迎接。』日後我才發現，這個人就是戈登・格里梅特，我和他成為了一輩子的好朋友。」

訪客的引導

弗雷德里克・戈斯特和查爾斯・迪恩在門一打開的瞬間，立即就被認出身分，並被告知要前往適當的側門。

管家（最右側）大聲通告：「科恩（Cohen）夫人到了。」一旁是充滿好奇的其他客人。取自《潘趣》1894年3月17日。

從接待者的角度來看，這是很正常的行為，他們只不過是在做原本的工作。負責接待客人的工作人員，例如男僕、管家及客廳女僕等等，都會被人要求根據對方外表來判斷身分，區分出紳士淑女和非紳士淑女的人。

　面對訪客時的應對方式，嚴格來說會分成3種。首先如前文所述，由僕人應對的客人會被引導至側門。即使是同行業者，夫人、主人會面對面交談的「生意對象」，也會被帶到大廳等待，再由僕人詢問主人的意思；地位較高的「客人」，則會直接引導到主人們所在的私人房間，或是帶到會客室等待。

　管家們在帶領客人進入夫人或主人的房間時，會進行「通報」。這時候，必須依據對方的身分改變引導的措詞。

　私人社交的對象，每個人都有一個適當的尊稱。皇室與公爵和公爵夫人，會加上正式位階加以稱呼，例如：菲利普親王殿下、倫敦公爵和公爵夫人等等。其他侯爵以下的貴族或平民，並不會稱呼這個人是什麼爵位，只會加上閣下、女士、先生或小姐等尊稱。

　做生意的對象，如果有交換名片的話，就會通報「『有人』想來拜訪夫人」，也不需要稱呼姓名。

　僕人指南書這類的書中一再強調，此時弄錯通報方式會顯得非常失禮。然而正因為如此，恐怕時常都會出現錯誤。

扮演當時首相阿斯奎斯的管家，充滿懷疑地看著帶來禮物的聖誕老人的名片，結果將他拒之門外，聲稱：「沒人在家。」取自《潘趣》1908年12月23日。

與衣衫襤褸公爵的相遇

約翰・詹姆斯出生於一八七二年，曾擔任維多利亞女王的女兒路易絲公主的總管。當他年紀輕輕、還是坎珀當伯爵（Earl Of Camperdown）夫人的第一男僕時，有過一段非常難堪的經歷。

「有一天早上，一位非常和藹可親的老紳士走了過來，問我是否可以有一點時間見見伯爵夫人。他的鬍子刮得很乾淨，衣服卻不太整潔。我覺得他大概是某個地方的管家，所以叫他坐在大廳裡等候。我打算向伯爵夫人通

第三代萊斯特伯爵（Earl of Leicester，1848～1941年）輕鬆的裝扮。一件皺巴巴看起來沒熨燙過的襯衫，配上滿是補丁的老舊西裝。

報，於是問了他的名字，結果他說：

『將我的名片拿去。』

我一面爬樓梯上樓，一面檢視名片，結果我嚇到差點死掉。我恐怕對威斯敏斯特公爵（Duke of Westminster）做出無禮的舉動了。能夠忍受如此衣衫襤褸的人，真的非常少見。根據我的經驗，地位愈高的人，行為舉止就會愈自然；愈是微不足道又無趣的人，才必須裝作很偉大。事實上，應是紳士中的紳士的人，看起來卻完全不像紳士，這種情形是十分常見的。」

弗雷德里克・戈斯特也有過一樣的失敗經驗。他在擔任霍華德夫人的第一男僕時，一位穿著怪異灰色散步服裝、頭戴運動帽，瘦骨嶙峋且身材矮小的紳士徒步前來拜訪。他看起來就像一個賽馬選手或交易商人，所以弗雷德里克直接問他：「你要拜訪誰？要見哪位呢？」沒想到，這位竟然是主人的表弟諾福克公爵（Duke of Norfolk）。據說他紅著臉引導對方說：「公爵閣下，請往這裡走。」

最高層的貴族，也就是公爵家的一家之主們，不必擔心大眾對自己外表儀容的看法，反而會假裝自己是一位熱愛在自己領土生活的「鄉村紳士」，並對這種行為感到自豪。對於習慣在城裡工作的男僕來說，想必難以辨別。

裝飾桌子的鮮花和水果

由管家和男僕精心拋光的金銀餐具

豪宅古德伍德莊園（Goodwood House）」的餐桌。有鳳梨、葡萄及銀燭台等在白色桌巾上作為擺飾。1897年。

大放異采的時候，就是在晚宴上。對於想要往上晉升的雇主來說，一場成功的晚宴就是通往一流社會的通行證。因為這些評論會直接影響到女主人在社交界的聲望。上流社會的人也會在意彼此之間的評價，所以經常在探尋有趣的新事物。

男管家會從保管室拿出必要的銀器與玻璃杯，女管家會從保管室拿出必要的陶瓷器、桌布及餐巾，等男僕們分別拿到後，就會將宴會廳的餐桌布置妥當。粗呢布的桌巾上鋪著的是純白色的錦緞桌巾。還有餐巾像摺紙一樣華麗地疊起來，放在每個座位上。主教帽折法，似乎是標準的造型。

餐桌上會用五顏六色的鮮花、蕨類、常春藤、水果作裝飾。傳統上鳳梨被視為奢侈的款待；園丁們在自家果園及溫室裡精心栽培的葡萄及桃子等水果，也常被當作名產端上餐桌。

從花園帶來鮮花的園丁，或是供應鮮花的業者，會負責花藝布置的部分，如果是在規模較小的家族，有時會由女主人或女兒、管家包辦。根據弗雷德里克・戈斯特的說法，據說在波特蘭公爵家中，水果的布置一直是由女僕長負責，這點很不尋常，「超出了原本的職責」。

管家會檢查男僕準備好的餐桌，還會掌控上菜進度，並在預定的時間及時做好一切的準備工作。

最先進入宴會廳的，是負責招待的男主人與客人中地位最高的女士。女主人與地位很高的男士位於隊伍末端。站在門邊的則是管家。取自《潘趣》1878年12月28。

倫敦社交時期十分擁擠的派對。主辦的夫人站在跳舞場地，正在迎接客人。僕人像影子一樣站在跳舞場地的右後方進行「通報」。引用自《倫敦生活》(1902年)。

「晚餐準備好了！」

負責接待客人的僕人們，會先引導前來參加晚宴的賓客來到會客室。大型宴會上，管家會站在樓梯上方，在每位客人抵達時大聲通告他們的名字。客人會在會客室裡暢談，直到其他客人抵達為止。這時主人會隨口告訴男賓客應該陪同的女賓客是何人。

當廚房準備好，到預定時間後，管家會將門完全打開，用熟悉的聲音宣布：「晚餐準備好了。」然後這個家的主人會向賓客中地位最崇高的女士伸出右手，地位最崇高的男客人則會向女主人伸出右手。每名男士陪同一名女士步向宴會廳。男女會按照地位高低依序排隊。當然女主人肯定是透過厚厚的一本《柏克貴族名錄》，事前便掌握了賓客地位微妙的上下關係。

宴會廳裡，男女同樣是依照地位輪流入座。男主人和女主人坐在餐桌的兩端，男士們會讓他們帶來的女士坐在自己的右邊。夫妻及血緣關係者不坐在彼此隔壁，是一種慣例。

晚宴開始後，男僕端著托盤緩緩進入，從地位最高的女賓客開始，依順時針方向上菜。管家會一邊留意上菜進度，並四處倒酒。有時還會在宴會廳的餐邊櫃上負責分切肉類料理。

晚宴的菜色由7到11道料理組成，包含湯、魚類料理、主菜（*英國是在魚類料理和肉類料理之間端出輕淡的菜色）、主要的肉類料理、野生鳥獸肉。上菜的期間，還會搭配料理提供葡萄酒。接著在餐後上起司、甜點、冰淇淋及水果，這時桌上會整理得一乾二淨。

等甜點一吃完，在女主人的暗號下，女士會全員起立，將男士留在原地回到會客室。這部分是英國方面的習慣，有別於歐洲的做法。僕人也會在此時走出宴會廳。男士們會圍在主人身旁，自顧自地品嚐波特酒與煙

到達宴會廳。男主人比較靠近入口，女主人會在宴會廳後側，占據桌子較短的那一邊。成對抵達的女士會分別坐在男士的右側。取自《潘趣》1882年12月23日。

晚宴過後，男士們一同享受波特酒、咖啡、雪茄煙的美好片刻。取自《潘趣》1883年2月24日。

草，盡興談論無法在女士面前提到的政治、運動或祕密。不久之後，會在適當的時間點與會客室的女士們會合。僕人會齊聚在這個會客室裡，為大家端上茶或咖啡。

等到賓客要回去時，男僕或管家會呼喊：「某某先生的馬車已經準備好了。」將賓客帶上馬車，全部送離開。整理環境並鎖好門窗之後，到三更半夜才終於結束室內僕人漫長的一天。

當男僕通報「格麗特（Glitter）女士的馬車準備好了！」時，家裡的少爺護送女士上了馬車，準備回家。《潘趣》1887年5月14日。

擔任管理職的管家

曾擔任電影《謎霧莊園》技術顧問的前管家亞瑟・英奇（Arthur Yingqi），生來似乎就是當僕人的命。他的父親也是從一八九〇至一九三四年一直擔任管家一職。父親親手將一本小冊子交給兒子，裡頭描述管家工作的本質。

「小宅裡的管家就像男僕，必須負責許多工作，所以在大豪宅一般不會被視為管家職責的工作也必須做。但是不管在怎樣的家族裡，管理就是管家的工作。大家族中，尤其十分需要這種具有良好判斷力的角色。對於下級僕人來說，身處在管理鬆散的地方，不但不會舒服，更談不上幸福。」

阿斯特子爵家的管家埃德溫・李（左），和子爵的隨侍阿瑟・布謝爾（Arthur Bushell，右）。李在指導下屬方面十分知名，傳聞受他指導過的經驗就是很好的介紹信。

管家的工作就是管理。這不僅要檢查下屬的工作成果，管家也必須指導下屬的日常生活，在用餐場合帶頭祈禱等等。這在樓上的家族當中，是一家之主，也就是主人的職責。反過來說，管家就是樓下的一家之主，必須充當僕人們「嚴父」的角色。

誠如父親傳給兒子的這本小冊子所言，問題在於「不管在怎樣的家族裡」，父親的威權是否始終無所不在。有的管家被主人抱怨「對下屬過於仁慈」；也有管家出於自我保護，根本不關心下屬的狀況。

身為一名年輕人，即使進入一個有嚴厲管家的家裡，被人要求必須服從規則時，還是會偷偷地趁機享樂。因此有些管家也表示，主人要他們管控這些年輕男僕的行為舉止，實在讓他們煞費苦心。下一章，我們將會繼續探討男性僕人的私生活。

column

變成神話的失敗故事

喜歡被有教養的人包圍的女士。即便如此，她的乳溝還是令人十分在意。服務生靜靜地站在背後，避免干擾談話。取自《潘趣》1893年5月27日。

＊阿爾伯特・托馬斯（Albert Thomas）
19世紀末開始，擔任過飯店服務人員和經理，也在紳士俱樂部、大學宿舍擔任過管家。雖有私人住宅管家的經歷，但似乎沒有太好的回憶，因為他曾涉嫌偷竊，並在愛爾蘭的一座城堡裡與愛爾蘭共和軍發生過爭執。著有回憶錄《等著看（Wait & See）》（1944年）。

燙手山芋和乳溝的軼事

管家及女僕的回憶錄中，除了關於側門的軼事，還會重複出現經典的失敗故事。例如：端著裝滿東西的銀托盤時，手抖了一下而全部弄倒，這就是最具代表性的例子。弄倒的除了昂貴的整套茶具或早餐套組，也可能是醋、油、香料和其他物品。如果是熱食或熱湯，通常會連累被服務的人，導致重大災難。此外，涉及女性乳溝之事更是層出不窮。

19世紀的某段時間，阿爾伯特＊・托馬斯曾在懷特島的考斯當飯店服務生。島上有棟皇室別墅，維多利亞女王的馬車有時會經過。據說女王總是在無人往來的晚餐時間移動。有一天，他正在分送撒上奶油和歐芹的熱馬鈴薯時，目擊到窗外有人騎馬引導女王的馬車。

「有人喊道：『是女王陛下！』我只是朝窗外看了一眼，手上拿著的湯匙就翻倒了，2顆馬鈴薯滾進了勢利夫人（Madam Snob）低胸禮服的胸口處。馬鈴薯很燙又沾滿奶油，十分滑溜。我將盤子放在桌上，試圖抓住這充滿冒險精神的馬鈴薯。不幸的是，我的指尖碰到了馬鈴薯，卻沒有撿起，反而將之推得更深了。她發出一聲壓抑的尖叫，跳了起來，勉強保持平靜地走出房間。」

所謂的勢利夫人恐怕是假名。阿爾伯特曾服侍一位暴發戶女士，卻被指控遺失銀叉子和湯匙而遭解雇。日後，他在一家飯店當服務生，她則以客人的身分再次相遇。沒想到熱騰騰的馬鈴薯會造訪乳溝，所以他才會做出報仇的舉動。

即使在國王面前

喬治・斯林斯比一九八四年出版的傳記中提到一起發生在公爵家為迎接愛德華七世所舉辦的晚宴上的故事。到中途為止與阿爾伯特的失敗故事幾乎雷同，不過最後令人莞爾的部分有些不同。

據喬治所言，愛德華時代的晚禮服領

臨時雇用的服務生低聲說著有趣的事情給顧客聽。「請不要讓我笑，我會把所有東西都灑出來。」提供服務的僕人原本不該與宴會上的賓客交談，必須假裝沒在聽賓客談話的樣子。取自《潘趣》1890年12月13日。

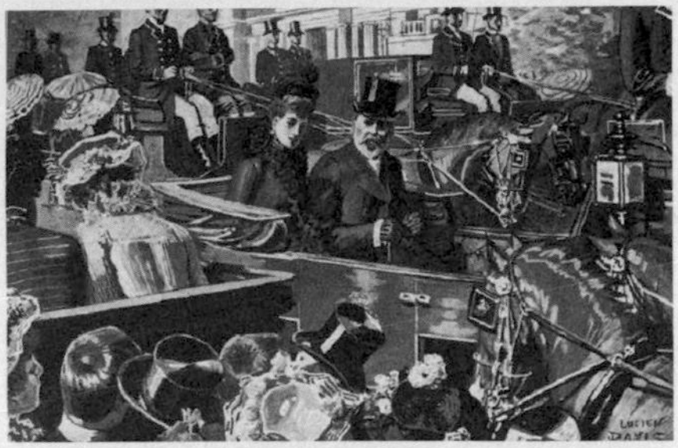

倫敦社交時期，愛德華七世和亞歷山德拉王妃乘著馬車穿過公園。維多利亞女王退出社交界後，兒子比母親維多利亞女王更浮華。引用自《倫敦生活》（1902年）。

口相當低。傳聞一般都會指示男僕在服務時，要將視線從女士的胸部移開。

事情就發生在某場宴會上。喬治身為第三男僕，與第一男僕、第二男僕一起服務賓客。2位女士坐在愛德華七世兩側，搶著吸引國王的注意力。

「當女士因別的事分心、男僕將目光移開之際，就是發生重大事故的時機了。一名女士要從第二男僕手上的托盤拿取蔬菜時，因為所有注意力都轉向國王，過大的力量施加在盤子上，男僕握著的把手差點滑落。男僕反射性地用力握緊，使盤子整個翻過去。又小又燙的馬鈴薯順勢騰空飛起，筆直落在女士禮服前方。女士燙得發出悲鳴，整桌賓客一起回過頭。第二男僕不假思索地將手伸進她的乳溝間，拿出滾燙的馬鈴薯。

宴會廳裡頓時一片寂靜，身為第三男僕的喬治甚至能聽到自己的呼吸聲。在場的每個人，臉上都浮現恐懼與疑惑交織的表情。只有第二男僕滿臉通紅，等著劊子手的斧頭砍下來的瞬間。這麼做或許可以防止這位女士嚴重燙傷，但是他的行為肯定是不可原諒的。不久後，國王開始大笑，緊張氣氛突然緩和下來。只要國王一笑，女士也會跟著笑。很快宴會廳便籠罩在笑聲之下了。」

在瑪格麗特・鮑威爾於一九六八年、羅西娜・哈里森於一九七六年出版的書中，儘管出現的人物和細節不同，但都有提到幾乎雷同的情節。不斷被人提起的失敗故事偶爾會加油添醋，如同經典的《灰姑娘》和《小紅帽》經夏爾・佩羅（Charles Perrault）與格林兄弟重述後，分別重整成不同的故事一樣。

也許是將聽過的故事摻雜自己的記憶，才會發生覆蓋記憶的情形；或是為了加入有趣故事而誇大情節。但這也可能是十分常見的意外。關於滾燙馬鈴薯與豐滿乳溝的傳說，說不定是每位當過家僕者的共同記憶，後來透過說書人變成各自的故事。如此想來還滿有趣的。

設置在僕人通道上，可以從櫃子中拉出來供家童使用的床。放在地板上的是夜間使用的便器。重現了蘇格蘭宅邸曼德斯頓的情景。

諾丁漢的一座宅邸拉福德修道院的僕人大廳，1889年左右。保留著中世紀修道院外觀的地下房間。

簡易床鋪的生活

「當時並沒有像今日這樣先進的防盜警報器。大家普遍認為不需要這類設備。畢竟一年花26英鎊就能雇用到人體警報器，而且還能派去處理家務。

　後來我便成為了這個警報器。我沒有自己的房間，而是睡在工作室裡。有一張從櫃子裡拉出來的折疊床，放下來就會擋住金庫的門。這表示即使有試圖行竊的人跑進來，除非在睡覺時割斷我的喉嚨，否則他根本碰不到金庫。換句話說，在我的生命結束之前，一般都會希望我能向家裡的人發出某種警告。」

　一九三〇年代，喬治・華盛頓進入一所倫敦貴族宅邸擔任家童兼男僕時，就是居住在這樣的環境裡。不少家庭都會為家童或男僕，有時甚至是給管家或下級管家，配備折疊床用來遮擋金庫。

喬治・華盛頓看來是一個人被派去看守小偷，不過下級的男性僕人多人共用一間寢室的情況十分常見。例如戈登・格里梅特在一九一五年成為朗利特莊園的燈童時，據說與2名下級男僕、1名雜役工、工作室童僕、總管室童僕，共用一間「有6張床，類似宿舍的小房間」。

波特蘭公爵主要住處的宅邸，維爾貝克修道院。

埃里克・霍恩證實了男性僕人使用簡易床鋪的艱辛，如下所述。

「男僕通常必須睡在僕人大廳的折疊床上。除了有害健康之外，對於要集合前來吃早餐的其他僕人來說，也十分不方便。男僕可能在前一天晚上隨同馬車去參加舞會，卻必須總是在同一時間讓出自己的床位，以便其他僕人可以吃早餐。」

正門有獅子坐鎮的維爾貝克修道院。

當然到了晚上，還要等其他工作人員全部睡著之後，才能把床搬出來。其實可以折疊收納的簡易床鋪，白天會放置在挪作他用的地方，例如大廳、工作室或走廊等等。所以使用簡易床鋪的人，就會被迫成為最後一個睡覺和第一個起床的人。

從貼身女僕到鬼附身

根據弗雷德里克・戈斯特的回憶，在波特蘭公爵的大豪宅維爾貝克修道院工作的僕人們十分幸運。

「童僕會幫我搬行李，帶我到宅邸的最上層。我在這裡和吉姆・阿斯丘（Jim Askew，*男僕同事）共用一間非常舒適的房間。令人開心的是，我看到了暖爐，這會讓人在冬天保持溫暖。房間打掃得一塵不染，因為有女僕會負責男僕的居住區域。有一間大浴室，由所有男僕共用。我們稱這個房間為『化妝室（The Powder Room）』，因為我們會使用這裡的大鏡子和專用架子，將頭髮染白。」

正如後續將解說的，女性工作人員與男性工作人員不得進入彼此的居住區域，這是不可動搖的規則。不過打掃是由女性負責，所以看來有些家族也會不遵守規定。此外，在一九〇〇年代的環境下，僕人也會得到應有的專用浴室。從廚房將熱水運到寢室，並在可以搬運的錫製浴缸中洗澡，應該是很常見的情形。

查爾斯・庫珀（Charles Cooper）在一八九〇年代成為家童之後，也都有配備到一張可以收納進櫥櫃裡的床鋪。房間由他和第一男僕共用，但是事實上這個房間裡還住著另一個人。因為傳說會出現一個「穿著白衣的女士鬼魂」。

「聽說（鬼魂）從我的床後面冒出來，

維多利亞時代的鄉村別墅
蘭海德洛克

3樓

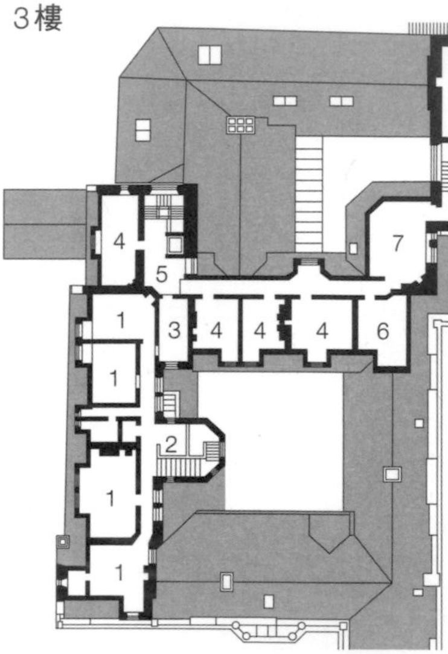

1…女性工作人員寢室
2…女性專用樓梯
3…亞麻織品室
4…男性工作人員寢室
5…男性專用石梯
6…旅行箱室
7…儲衣室
8…寢室用柚木樓梯
9…頂樓的西側寢室

貴族羅伯茲家主要據點的大豪宅。維多利亞時代的僕人區域保存完好，吸引許多遊客參觀。

報導蘭海德洛克宅邸1881年火災的報紙插圖。大火從廚房煙囪蔓延開來，遭受嚴重破壞，只留下北側的一部分。《倫敦新聞畫報》1881年4月。

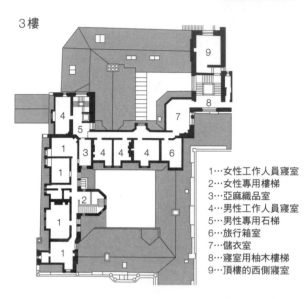

2樓

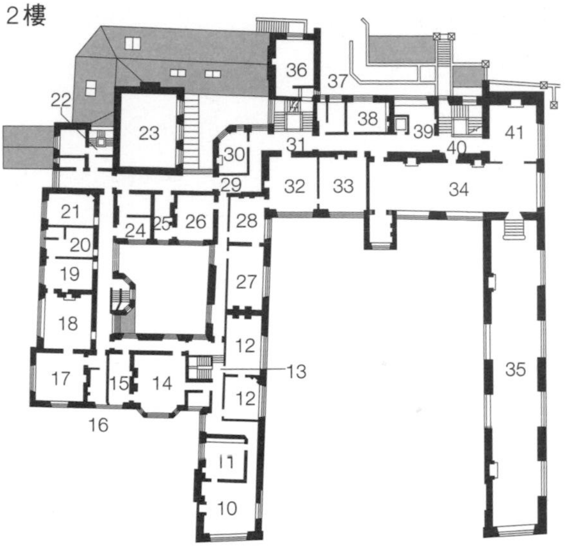

10…東側寢室
11…東側更衣室
12…湯米上尉（兒子）更衣室和寢室
13…兒童房樓梯
14…有凸窗寢室
15…有凸窗更衣室
16…兒童房專用洗滌區
17…白天的兒童房
18…兒童寢室
19…保姆房
20…兒童房浴室
21…讀書室
22…男性專用石梯
23…廚房上側通風井
24…南側中央寢室
25…北側中央更衣室
26…北側中央寢室
27…主人寢室
28…浴室
29…走廊
30…角落房間
31…寢室專用柚木樓梯
32…夫人寢室
33…夫人私人房間（閨房）
34…會客室
35…畫廊
36…樓上西側寢室
37…浴室
38…伊娃小姐（女兒）房間
39…祈禱室
40…橡木樓梯
41…早上的起居室

42…門廊
43…外側大廳
44…內側大廳
45…宴會廳
46…寢室用樓梯柚木
47…陶瓷器儲藏室
48…配膳室
49…酒窖
50…走廊
51…羅伯茲爵士夫人起居室
52…總管室
53…兒童房樓梯
54…撞球室
55…大堂
56…吸菸室
57…家庭女僕室
58…女管家室
59…工作室中庭
60…女性專用樓梯
61…蒸餾室
62…僕人大廳
63…槍房
64…燈房
65…男性專用樓梯
66…管家起居室
67…管家工作室
68…廚房
69…廚房洗碗間
70…麵包烘焙室
71…糕點室
72…食品儲藏室
73…肉類儲藏室
74…酪農室洗滌區
75…酪農室
76…酒窖
77…橡木樓梯
78…音樂室
79…石造大廳
80…讀書室
81…羅伯茲爵士的私人房間

1樓

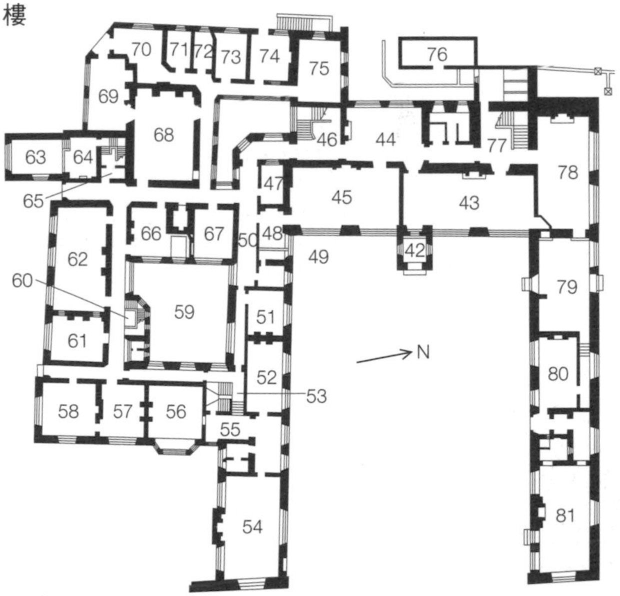

トレース＝神保由香

沿著走廊走去。但是我沒看到任何東西，而且我也沒有失眠。顯然她，或是『祂』知道我沒有感覺，於是才悄悄地避而遠之。」

完全沒有感應是件好事，大概就是在說明這種情形。

寢室在哪裡？

男僕及家童們的寢室位置，在每個家裡都不一樣，不過總是會和女性僕人的房間小心地分開。這是因為注重道德的主人們，並不喜歡家中的異性發展出感情。

倫敦擁擠的聯排別墅中，僕人區域的空間往往十分緊繃。多數位在建築物的頂端和底層，也就是說，女性僕人通常位於閣樓，男性僕人則位於地下室。如果是鄉間別墅的話，大多會採取措施來禁止雙方接觸，例如同樣會區分成閣樓和地下室，或是單獨將男性趕到別棟的馬廄上層。

康瓦耳的蘭海德洛克宅邸，於一八八一年遭遇一場大火後，採用最新的建築概念和技術進行重建。因此，這是一棟保存非常完好的維多利亞晚期鄉村別墅，至今仍吸引許多觀光客。在這棟房子裡，僕人的寢室集中在最上層的３樓。可是同一樓層的男女寢室之間，並沒有可供來往的通道。所以男女必須使用不同的樓梯，才能到達各自的寢室。像這種結構的房子裡，從樓梯就將男女領域區分的狀態下，如果被人看到走錯樓梯的話，就會遭到解雇。

上級僕人的房間

話說回來，管家的寢室在哪裡呢？一棟設備齊全的宅邸裡，會為管家安排一個與客廳、作業室、寢室相連的房間。諸如隨侍、女管家、廚師等人，也會分配到工作用房間與個人寢室，不過在每個家族裡的配置會不同。

園丁及獵場看守人等戶外僕人的主管們，會被分配到靠近各自工作地點的小屋，結婚後也能和妻兒一起居住。

該給什麼人、在哪裡、什麼樣的房間，雖然有一般的習慣做法，但是最終還是取決於雇主的心情。

以下是埃里克・霍恩在侯爵家擔任管家兼客廳男僕時的經驗談。

「侯爵問我（打獵用的）彈藥收在哪裡，於是我回說：

在一處海濱度假勝地。保姆問：「你不游泳嗎？」男僕查爾斯說：「我不游。因為我要保持後腦勺的髮型。」他不想弄亂染白且梳理整齊的頭髮。取自《潘趣》1873年8月16日。

『收在我的寢室裡。』

『不會吧。』他說：『那裡用來放彈藥太潮濕了吧？』

不過用來當作管家睡覺的地方，還不算太潮濕。（中略）

管家的寢室通常位在乾壕溝旁。既潮濕又不衛生，如果是在其他人家裡而不是上層階級的房子裡，就會告訴大家這裡不適合當作寢室。通常這個房間裡會放置一個儲水槽，一直都會有水滴下來。枕頭的正上方就有一條汙水管穿越，汙水會週期性地流過。」

僕人的生活環境，如實地反映出這家主人對於自己僕人的看法。

深夜聚會與枕頭大戰

女管家要負責維持女僕們的紀律，管家則負責男僕及家童的紀律。檢查他們的儀容，避免他們與異性接觸，讓他們遵守門禁。

雖說如此，還是常有年輕女孩為了去見情人，男人想去地方上的酒吧喝一杯，而違反規則。

這件事發生在某個夜裡，當時埃里克・霍恩正在男爵家中擔任第二男僕。熄燈之後，下級的男性僕人結伴來到守衛室開心地打牌。玩到忘記時間的時候，由於後門會上鎖，所以會注意到管家沿著走道走來。他們及時關掉煤氣燈後，大伙一起躲了起來。

「下級管家爬進床底下。他是一個身材有點矮小、肌肉發達的男人。我和第一男僕一起爬上床，將床罩拉高蓋過頭部。下級管家發出呻吟：『快下來！快下來！我要被壓死了。』床鋪因為我們兩人的重量而彎曲變形，壓住了他的身體。其他成員四散在櫃子等處，盡量躲起來，像老鼠一樣保持安靜。

只有一扇門，而管家就站在門口。他在那裡待了一會兒，也許是在認真聆聽裡頭的聲音，接著便離開了。不知道如果他打開門會發生什麼事，這件事只有神才知曉了。

如果被看到，應該會是很精采的畫面吧。2名男僕穿著制服，保持白髮造型爬上床；下級管家穿著白絲襪的腳，從床底下伸出來。」

不知道這段時間是如何度過的。只不過，事情並不會總是如此一帆風順。熄燈後，7名男子聚集在埃里克的房裡玩了起來，最後演變成一場枕頭大戰。

「就在枕頭炸彈爆炸、羽毛在房裡四處飛舞時，門打開了。『禿頭的邪惡男爵（＊主人的暱稱）』就站在那裡，手裡拿著銀燭台。」

隔天早上10點，所有人都被叫到圖書館，禿頭的邪惡男爵做出裁定，下級管家要嚴格注意、第一男僕要解雇、埃里克也要注意，下級園丁們則被禁止進入宅邸。據說管家也因為管理不當，而受到嚴厲譴責。

管理下屬的私生活

即便在男僕時代會和同事打鬧取樂，但是在升任管家之後就會與周圍的人保持距離，並被人賦予「管理」下屬的責任。

當埃里克・霍恩成為管家，手下管理2名男僕時，他便決定打破門禁的機會「僅限一次」。如果警告之後情況仍未改善的話，他才會毫不留情地鎖上門，將他們關在寒空之下。當他因為遭人怨恨而受到暴力威脅時，則嚴厲處置並向主人報告，最後讓對方被解雇。

謹慎地鎖上門窗，保護主人的財產，是管家的重要職責。如果因為下屬違反規定而無法履行職責的話，就會被人貼上無能的標籤，使自己的地位岌岌可危。或許是立場轉變之後，才能明白這點道理。

儘管如此，大多數的家童及男僕都是10歲出頭到20幾歲的年輕人。只要聚在一起就會做出傻事，點燃叛逆之心，投入心血也是徒勞無功。喬治・華盛頓還是一名男僕時，就曾經想出一個計畫來逃避嚴厲管家的監管。

「管家是個非常狡猾又令人討厭的傢伙。他的辦公室靠近正門玄關。當他從那裡走到工作室時，我們必須密切注意才能聽見腳步聲。因此我們有時會脫掉靴子，只穿著絲襪悄悄地走過去。他認為我們總是想要做壞事，我想他可能甚至希望如此。不過，我們暫時成功躲過了他的注意。鋪在辦公室外面地毯下的瓷磚，有一塊就快要剝落了。我們從那裡拉了一條電線到工作室，等他一離開房間鈴聲立刻就會響起來提醒我們。每當我想起裝置被發現的那天，我的屁股依然很痛。」

20世紀初，出現一陣熱烈的乒乓球熱潮。在樓下也可以用平底鍋和水果玩乒乓球。取自《潘趣》1901年11月13日。

一位紳士看著女僕的寢室說：「這樣會不會太潮濕了？牆上都流出水了。」女僕回答：「給僕人使用的話並不會潮濕。」埃里克・霍恩受到的僕人待遇，是否和半世紀前一模一樣？《潘趣》1865年7月8日。

諾布爾（Noble）夫人建於牛津郡的宅邸，在公園廣場的僕人們。至少可以看到3名看似男僕的男子，還有幾名馬廄的工作人員。這個組織的規模相當龐大。執事負責管理這些年輕人。1903年左右的照片。

女主人說：「即使主人在晚餐時說了一些有趣的話，也絕對不可以跟著一起笑。」新管家說：「夫人，我會照您說的去做。我在僕人大廳講述主人所有事情時，同事們也都這樣跟我說。」樓上的事被樓下知道，樓下的人在樓下聽得很開心。取自《潘趣》1922年4月12日。

這則軼事正如《伊索寓言》中老鼠給貓繫鈴鐺。得意忘形時，就會很容易自討苦吃。

用餐儀式

餐桌位子也要按照男女、工作群組及階級區分。雖然吃到一半的時候，還是會聚集在一個房間裡用餐，不過很多家族在吃甜點時會分成幾組。

歐內斯特・金在一九〇〇年代初，開始以一名家童的身分在豪宅裡工作。在工作人員用餐時間的5分鐘前響鈴通知大家，是屬於他的工作。當時間一過、門被關上後，直到上級僕人離開房間為止，任何人都無法進入。等到所有人就座之後，管家就會起立並進行餐前祈禱。

「我們在一片沉默中用餐。當僕人的領導們吃完主餐之後，其他所有人都會馬上放下刀叉，管家會再次站起來，進行飯後祈禱。接著我將門打開，僕人的領導們——也就是管家、女管家、和侍女就會退到女管家室。我會提前在這個房間的桌子上備妥餐後甜點。樓上的宴會廳裡，似乎會將這種餐後甜點統稱為『布丁（pudding）』。然而，對身分低下的人來說就是一種甜點。接下來當然會開始盡情地談天說地。因為在上級僕人離開之前，下層的這群人——也就是下級男僕、雜役工、我這個家童、家庭女僕以及洗衣女僕，都不被允許說一句話。」

這個工作場所共有13名室內僕人。主菜吃完後，這群人會被分成上級和下層2個組別。上級僕人會被稱為「○○長」或「前輩」。

人數不多的家族中，只會簡單區分成上級或下級。但是當一個家的規模愈大，人員組成會變得複雜，階級制度也會更加嚴謹。

身為上級僕人被邀請到女管家室享用不同的餐點，證明你已經飛黃騰達了。下級僕人們將這個女管家室稱之為「哈巴狗的客廳」。雖然不知道是何時開始使用這個名稱的，不過從下層的立場來看，這是一個能感受到女上司權勢的名稱。

北安普敦郡的宅邸艾諾公園的女管家室。天花板很高，裝飾著圖畫，看起來布置得十分舒適。窗邊有許多抽屜和櫥櫃。引用自莉莉・卡特賴特（Lili Cartwright）於1846年創作的畫作。

歐內斯特・金是在第一世界大戰後才飛黃騰達，成為德・威奇費爾德（De Wichfeld）家的隨侍。據說這位身為大富豪的女主人，是世上最富有的女性之一。總管位居這個大家族的頂端，

德・威奇費爾德家族的人員組成

【總管室的成員】

總管……1名
侍女……2名
織品女僕長……2名
隨侍（歐尼斯特・金）……1名
駕駛長……2名
根據當天的情況，再加上20～30位客人帶來的隨侍及侍女。
根據當天的情況，再加上治療夫人手足的醫師與他的夫人，也就是莫克（Moek）先生和莫克夫人。

【僕人大廳的成員】

下級管家……2名
男僕……6名
雜役工……2名
通勤的女性助手……8名
洗衣女僕……8名
家童……1名
下級駕駛……2名
人數會根據當天的情況有所增減，再加上客人的駕駛們。

德文郡公爵的大豪宅查茨沃斯（Chatsworth）的僕人大廳。鋪著桌巾的長桌上，擺著簡單的刀叉。可能來自於1920年代左右的明信片。

室內工作人員如左表所示，分成2個組別。

家庭女僕有10名，不過沒有在名單上，因為在這個家裡她們會在專用的房間用餐。還有法國廚師和廚房女僕會在廚房用餐。當賓客有36人的時候，加上陪同的僕人，總人數甚至會達到80至90人。

根據不同季節和不同活動，聚集在用餐場所的僕人人數會時而增加時而減少。如果能為一位善於交際的女主人當男僕、車夫或駕駛，就能參觀各種宅邸，並與許多同業交流。

招待賓客的僕人享用午餐時，身著便服的上級僕人們必須穿上正式服裝。男士是燕尾服或晚禮服；侍女及女管家需穿著正式的襯衫、黑色絲綢連身裙等等。還會用蕾絲加以裝飾，並戴上所有飾品再就座。

樓下的上下關係

當圍著餐桌的僕人數量增加時，還會引發其他的問題。家童被安排在上司房間當服務生的期間，其他下級成員正在僕人大廳裡用餐。當他結束工作回到大廳時，竟發現自己拿的那份餐點不見了。這是喬治・華盛頓在伯爵家當總管室童僕時的一段經歷。

「為了生存，我開始從蒸餾室裡偷拿麵包，然後把自己鎖在廁所裡狼吞虎嚥。有一天，我從總管室撤下了一份美味的約克火腿。當時我真的很想吃。最後我敵不過誘惑，將之切成2片，藏在外面水槽的木蓋下，沒想到佩蒂特（Petit）先生（＊管家）這時正好出現，發現了我的所作所為。他怒火中燒，問我：『小鬼，你到底在做什麼？』這時我才終於理解奧利佛．他斯特（Oliver Twist）（＊查爾斯．狄更斯的小說《孤雛淚》中的主角。身為孤兒的飢餓感受）的心情。」

只不過與狄更斯筆下的反派不同，這名管家出奇地善良，願意聽他解釋。儘管他被教導在任何情況下都不能偷竊，但是後來管家還是請人將他的飯菜分出來再加熱。而且管家在他結束服務工作之後，時常會將剩下的肉切一兩片叫他吃。這是他回憶中「2個在這世上得到過最棒的東西」。

有時在說明階級，區隔出富人與窮人的時候，會引用迪斯雷利（Disraeli）一八四五年創作的小說《公民（The Civil）》，稱之為「2種國民」。但是繼續深入區分這兩種國民時，在被歸類為窮人的家僕中，也能進一步看出階級社會的存在。

在波特蘭公爵主要住處的維爾貝克修道院裡，上級僕人被稱為「上十（Upper Ten）」，下級僕人被稱為「下五（Lower Five）」。這個家的上級群組包含總管、負責葡萄酒的管家、下級管家、客廳男僕、公爵的隨侍、女管家、家庭女僕長、2名侍女，以及來訪客人的隨侍與侍女。據說上十和下五「彼此不會交流，他們的界線往往比他們所服務的對象更加嚴格」。

不管是食物或是使用的餐具，都是上級工作人員比較豪華。下級工作人員會有啤酒，不過總管室或女管家室則會出現各式各樣的葡萄酒。有些家族還有不同的甜點，或是額外製作一份。明明消耗最多熱量的體力活，都是由下層家童或女僕負責，但是能緩解疲勞的特色菜單和美味酒精飲品，卻是上級僕人的特權。在生活的各方面上，上級與下級之間存在著差異。

巴斯侯爵家的朗利特莊園人員組成（1901年左右）

總管……1名
管家……1名
下級管家……1名
客廳男僕……1名
隨侍……1名
男僕……3名
總管室男僕……1名
雜役工……2名
工作室男僕……2名
燈童……1名
女管家……1名
侍女……2名
保姆……1名
兒童房女僕……1名
家庭女僕……8名
裁縫女僕……2名
蒸餾室女僕……2名
洗衣女僕……6名
廚師……1名
廚房女僕……2名
蔬菜女僕……1名
洗碗女僕……1名
通勤的清潔女工……1名

這種差別待遇，或許會發揮一種獎勵的作用，讓人好好努力只為了盡快進入哈巴狗的客廳。

管家或總管，在這些上級僕人當中也是處於最高層的地位。雖然事實上本應如此……

男人和女人的權力鬥爭

誠如前文所述，有能力或是在主人眼中表現出色，因而在10幾歲或20幾歲便晉升管家的例子，雖說為數不多，卻不是沒人如此。這樣一來，大多數的下屬都會比自己年長。而且，就算是經驗豐富、年齡適中的管家，換個地方工作之後，有時也未必能讓老員工放下手上的權力。尤其對於一名管家來說，最容易造成問題的，就是和女主人關係密切的上級女性僕人，例如：廚師、女管家、侍女、保姆等人。

男性僕人會跟著男主人，女性僕人會跟著女主人，這是基本的主從配置。當女主人對料理、接待客人、教養孩子等家務事產生濃厚興趣，並與負責這些工作的女性僕人建立起密切的關係時，往往會給男性僕人帶來不舒服的處境。因為保姆及女管家有女主人當後盾後，在其地方她們也會插手被視為管家權限的事情。

歐內斯特·金在伊莉莎白二世登基之前，曾經受聘為一個新婚家庭的管

巴坦茲（童僕）說：「夫人對不起，但是廚師叫我清理桌子……」而且試圖盡快執行這個命令。取自《潘趣》20世紀初。

服侍午餐的管家說：「夫人，您的牛排很硬嗎？（停頓了一下）我們收到一條很嫩的羊腿，要從僕人大廳拿一些過來嗎？」取自《潘趣》1873年8月9日。

夫人說：「史密瑟斯，你每天在食物上多花5先令是怎麼回事？」史密瑟斯說：「下級僕人們只想吃豬肉，所以我以為……我可以允許他們去別的地方用餐。」僕人的階級意識。取自《潘趣》1865年3月11日。

「嘿，亞歷山大，我說你如果想吃真正的起司，應該自己去買吧？」「主人，我不明白您的意思，因為我不吃起司。」取自《潘趣》1922年10月25日。

家。只不過，他雖是一名皇室管家，說起來已經達到室內男性僕人的職業生涯巔峰，但是最後還是被這個問題絆了一跤。

伊莉莎白身邊跟著一名傳奇的侍女，名叫麥克唐納（MacDonald）小姐。以皇室僕人的正式職稱而言是「服裝員（dresser）」。她在女王還是公主時，就被雇用為兒童房女僕，隨著公主長大成人而改變職務，一直服侍著公主。

紳士去俱樂部就能受訓練有素的僕人服務。一組副標題為「他們為什麼不結婚？」的插圖。取自《潘趣》1861年7月13日。

麥克唐納小姐對公主的感情非常深厚，以至於她輕視總管，在任何情況下都試圖表達自己的意見。舉例來說，當總管為了節省經費而將工作人員專用報紙停刊時，她竟越級恢復了這項傳統。除此之外，她還堅持應該為賓客的僕人提供波特酒及雪莉酒，並以迂迴的方式表示，她不希望從總管手中領薪資時露出白花花的現金，諸如此類與意圖節約的管家衝突不斷。最後，當她針對與總管無關的業務提出抱怨，例如僕人大廳裡沒有插著鮮花時，歐內斯特・金的耐心終於到達極限了。

「如果如此荒唐的廢話再繼續下去的話，您可以解雇我。」歐內斯特・金忍不住氣急敗壞地說，但是他並沒有真的打算辭職。然而，在一名備受信賴的侍女推波助瀾下，他很快就收到了壞消息。雖然被人解雇是件很倒霉的事，但是對他做人的評價卻沒有造成影響，所以他馬上就找到下一份工作，算是不幸中的大幸了。

另一方面，麥克唐納小姐後來仍然一直待在女王身邊。據說直到她一九九三年去世、享壽89歲為止，她一直「像是一名親密好友和伴侶，而不是女僕」。看來對手的實力太差了，根本無法與她好好交鋒。

捲入女人的戰爭……

女性之間也曾經發生過衝突。由於女性僕人為數眾多，說不定女人之間的衝突反而更加頻繁。埃德溫・李剛成為管家時，就被捲入資深保姆與女管家之間的糾紛而苦不堪言。參與撫養繼承人的保姆，權威非常強大，可說「家中唯一比她更有權力的就是女主人阿斯特夫人」。

有一天，保姆從兒童房的抽屜裡發現了幾根頭髮，她喚來女管家，命令她全部重新打掃一遍。從當時的情況來看，這些垃圾似乎是保母故意放進去的。

即便如此，女主人還是偏袒保姆，辭退了女管家。而看中這名女管家的能力、將她晉升為家庭女僕長的人，就是埃德溫・李本人，所以他建議要更仔細地調查清楚。不過夫人只是說：「就算調查過後發現女管家沒有過錯，如果她和保姆吉本芝（Gibbons）處不來的話，我還是必須辭掉她。」因此他只好放棄了。

「就算我試圖反駁這種女人的邏輯也沒用。看起來也許是一件微不足道的事，但是這種情形恐怕會一再擴大，並且會在工作人員之間引發反感。」

一位女士受到一名忠實侍女的細心照顧。

育兒期過了之後，保姆的工作就不存在了。即使她們在雇主好意下繼續住在那裡，卻失去了往日的權力。這樣一來，對於日後來到家裡的工作人員來說，她們就會變成單純受人愛戴和尊重的同居者。令管家也束手無策的存在，或許會由時間解決一切。

本書主要收錄的內容，是管家本身的言論。然而，如果你從女性工作人員那裡聽到同一件事，應該又會看到不同的情景。事實上，當我們在翻閱管家的回憶錄時，大多會讀到男性主導的思維模式，類似「女性的邏輯很難應付」、「會發生問題的原因，都是女性試圖凌駕於男性」。讓我不禁思考，管家們從約莫100年前的英國一直工作到現在，男女的行為模式發生了哪些變化。

在家僕的世界裡，女性在數量上占優勢。只不過，尤其是在規模很大的家族中，具有權勢地位的都是男性，例如管家等等。雖然他們位居高位，但是從數量上來說卻屬於少數。想必他們在管理整個家的時候，曾經面臨許多沒有留下紀錄的辛苦事吧。

「年齡要誠實申報。」填寫僕人的人口普查（census）是一家之主的責任。從全國的調查結果來看，家僕當中女性的比例明顯較高。引用自喬治・羅伯特・西姆斯編輯的《倫敦生活》（1902年）。

「看起來好像混有空杯子？」「有些人不想吃飯。」原本服務生的工作會由男性工作人員負責，但是家裡沒有多餘預算的話，就會由客廳女僕負責。空杯子只要布置得好看，也是一種不錯的做法。《潘趣》1893年2月4日。

實際工資

現在要來看看維持生活的重要部分，也就是金錢。英國直到一九七一年將1英鎊修訂為100便士為止，一直都是使用特殊的貨幣單位，而非十進法。1英鎊＝20先令（Scilling）＝240便士（Pence）。附帶一提，Pence的單數是Penny。還有一種零錢的古老貨幣單位，1畿尼（Guinea）＝21先令，以及便士以下的1便士＝4法尋（Farthing）。

支付週期會根據不同時期及家族而異，通常是每季一次或是每月一次。

1880年發行的《僕人實用指南》所建議的僕人薪資一覽表（年薪，以鎊為單位）

總管……50～80
客廳男僕……40～50
管家……50～80
隨侍……30～50
男廚師……100～150
下級管家或男僕長……28～32
下級男僕……14～20
車夫……25～60
第二車夫……20～35
馬夫長……18～25
下級馬夫……14～20
男童（童僕）……7～12
總管室童僕，以及僕人大廳童僕……6～8
女管家……30～50
專業廚師……50～70
業餘廚師……16～30
廚房女僕長……20～28
第二廚房女僕……14～22
廚房女僕（單人作業）……18～24
洗碗女僕……12～18
蒸餾室女僕……10～14
上級家庭女僕……20～30
第二家庭女僕……14～20
第三家庭女僕……12～18
家庭女僕（單人作業）……12～18
侍女……20～35
年輕貼身侍女……14～25
保姆長……20～25
下級保姆……14～18
兒童房女僕……10～14
讀書室女僕……10～14
洗衣女僕長……18～25
第二洗衣女僕……16～20
第三洗衣女僕……12～16
洗衣女僕（單人作業）……18～25
擠乳女僕……14～20

一般會用現金支付，有些家族也會以支票付款。

根據弗雷德里克・戈斯特的說法，20世紀初，皇室男僕的工資是由白金漢宮以支票付款。支票的大小為8英寸×12英寸（＊約A4尺寸），上面印有精細的雕刻，據說「看起來更像某些證書或法律文件」。

每個家庭給付的實際金額都不一樣。舉一個例子來說明，上述是一八八〇年發行的《僕人實用指南》所建議的薪資一覽表。

首先必須特別留意的是，這只是當時指南書中的記述，並不是實際的人員組成。頁面上還同時刊載了童僕、用來比較的女性僕人。關於這些女性僕人的生活，請參閱本書的姊妹作《女僕的祕密生活》（PCuSER電腦人文化出版）。

男性僕人的薪資高於女性僕人。而且具備不易獲得的技能及經驗的上級職位，薪資也會比較高。在大豪宅中拿到最高薪資的是男廚師，其次為總管或管家。沒有預先指明男性的話，廚師通常會是女性。而所謂的專業廚師，是指有能力為上流家庭準備派對料理的廚師。業餘廚師則是指不具備這類特殊技能的中產階級家庭廚師。可見技術與性別的差異，會在薪資上明顯反映出來。

貴族及地主給的薪資，會高於中產階級的小家庭。薪資多寡也會取決於年齡、經驗，或是主人的個人感受，變化幅度很大。埃里克・霍恩在為爵士頭銜的主人當隨侍時，便拿到100英鎊與其他津貼。

一九〇〇年代初，弗雷德里克・戈斯特受聘為皇室男僕時，每年便會收到上述有Ａ４大小的100英鎊支票。

這在家僕中屬於異常高的收入，但是和外面的世界相比，100英鎊究竟是何等程度的薪資呢？

首先就波特蘭公爵本身的收入而言，雖然時間有些錯開，但是他在一八七六年單靠土地租金，收入就達68935英鎊。維多利亞時代的貴族及富商家庭的收入，估計約超過1萬英鎊，包含上層階級的地主，最低收入推估為1千英鎊左右。而中產階級的實際收入差距甚大，從可與貴族收入相媲美的高收入家庭，到中等偏下的中產階級，下限約在150至300英鎊。

舉例來說，一所英格蘭教會的候補牧師在一九〇五年結婚時，年收為120英鎊。但是他還是以年薪12英鎊雇用了一名住家女僕。大約在100年前的英國，這等程度可能是中產階級的最低水準。

皇室男僕以及聲望顯赫的上層階級隨侍，整體上從家事僕人這個職業來說，算是頂尖的存在。如果單從收入這點來看的話，100英鎊的年薪再加上後面提到的各種津貼及小費，對他們來說，中產階級的紳士身分可說是觸手可及的地位。

制服的供應

在上述的薪資一覽表中，下級管家以下到男童為止的男性僕人們當中，每年會視職務提供2～3套制服，或是工作用套裝，一般還會分別追加。也有人證實，找到家童工作的人，都會拿到深色的套裝。而每年製作新衣服是下級男性僕人的權利，已經約定俗成了。

戈登・格里梅特在第一次世界大戰後，應徵成為阿斯特家的第二男僕時，就發生了這樣的事。一開始他接受管家的面試，接著與女主人進行了簡短的對話，後來便成功被錄用了。薪資是每年32英鎊。另外還有每週2先令6便士的啤酒錢和洗衣費。接下來，他被指派去馬多克斯街一間名叫羅伯特・里里科（Robert Lirico）的裁縫店測量制服尺寸。

戈登向管家埃德溫・李詢問：

「『我可以選擇晨間套裝的花色嗎？有強制規定要「胡椒和鹽」嗎？』

這是當時的男僕術語，指的是灰色和白色的斜紋絲織（＊類似針頭緊密排列的圖案）布料。在許多家族中都是被用作

薩福克的哥倫拜恩莊園（Columbine Hall）僕人。每個人手中拿著自己工作的工具，例如鋸子、篩子、齒輪等等。1860年左右。

拍攝於約克市中心的一棟宅邸財務官之家（Treasurer's House）。主人格林（Grimm）先生和他的工作人員們，1920年代。

男性僕人的服裝，並委請私人雇用的裁縫店縫製。為了讓其看起來像男性僕人的服裝——換句話說，這就是僕人制服的花色。

『如果你有充分的理由，可以選擇你喜歡的花色。』李先生持中立的態度回答。」

戈登在指定的裁縫店讓人測量完尺寸之後，里里科先生悄悄地跟他說：

「『小伙子，你制服長褲底下穿著的羊毛長內褲要如何處理？我們這裡每一套套裝都會附加一條。如果你和其他男僕們一樣都不需要的話，就請你走下樓去，小弟會給你一點東西。』

當我走下樓後，便看見一間裁剪室。里里科先生的弟弟鮑伯（Bob）就坐在辦公桌前，圍著3名和我一樣來測量制服尺寸的男性。大家手上都拿著杯子。里里科先生的弟弟歡迎地對我說：

『看來，「不需要無用內褲的人」又多了一位。過來這裡喝一杯吧！』」

也就是說，這間裁縫店在帳目上從主人錢包裡拿了包括「無用內褲」的實價，事實上卻沒有交付商品，而是給了男僕一杯比這更便宜的酒，所以是將差價的利潤都收進了自己的口袋。原本男僕的制服如果是正裝，就

引用自哈洛德百貨公司1908年的目錄。男僕穿的寬鬆大衣（box coat）。

車夫穿的寬鬆大衣。1908年。

車夫的短版長外衣。1908年。

男僕的短尾室內服裝（coatee）。1908年。

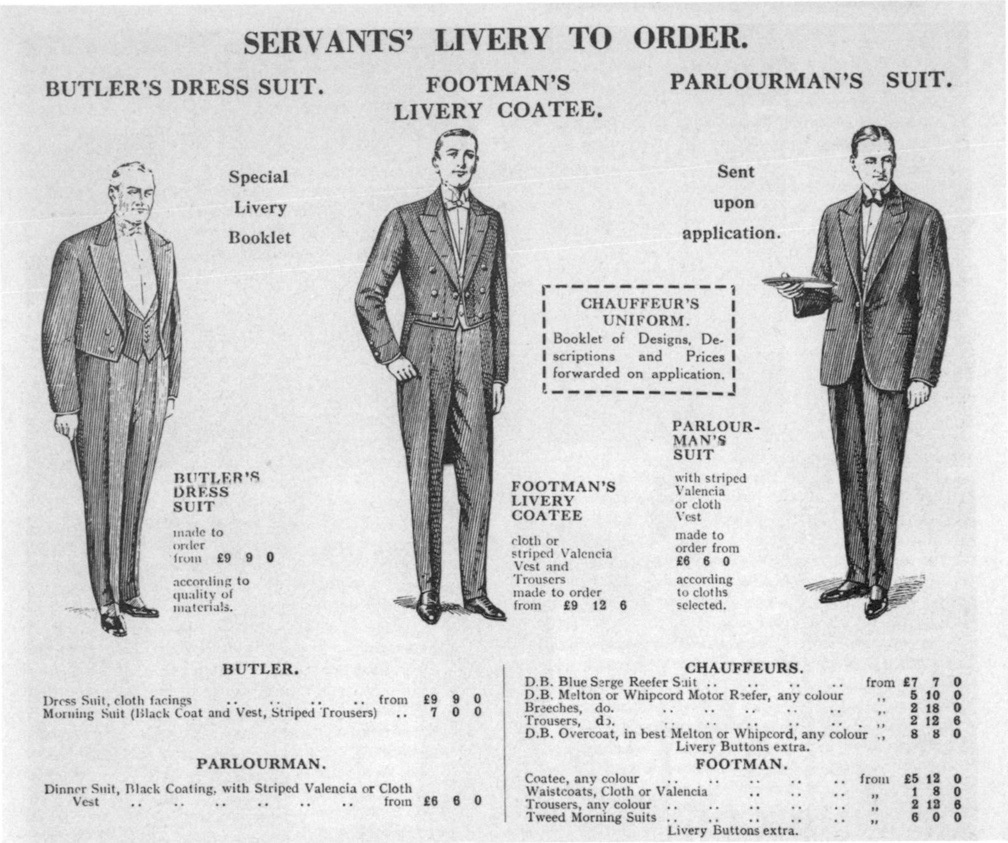

SERVANTS' LIVERY TO ORDER.
BUTLER'S DRESS SUIT.
FOOTMAN'S LIVERY COATEE.
PARLOURMAN'S SUIT.
Special Livery Booklet
Sent upon application.
CHAUFFEUR'S UNIFORM. Booklet of Designs, Descriptions and Prices forwarded on application.
BUTLER'S DRESS SUIT made to order from £9 9 0 according to quality of materials.
FOOTMAN'S LIVERY COATEE cloth or striped Valencia Vest and Trousers made to order from £9 12 6
PARLOURMAN'S SUIT with striped Valencia or cloth Vest made to order from £6 6 0 according to cloths selected.
BUTLER.
Dress Suit, cloth facings .. .. from £9 9 0
Morning Suit (Black Coat and Vest, Striped Trousers) .. 7 0 0
PARLOURMAN.
Dinner Suit, Black Coating, with Striped Valencia or Cloth Vest .. .. from £6 6 0
CHAUFFEURS.
D.B. Blue Serge Reefer Suit .. .. from £7 7 0
D.B. Melton or Whipcord Motor Reefer, any colour ,, 5 10 0
Breeches, do. .. .. ,, 2 18 0
Trousers, do. .. .. ,, 2 12 6
D.B. Overcoat, in best Melton or Whipcord, any colour ,, 8 8 0
Livery Buttons extra.
FOOTMAN.
Coatee, any colour .. .. from £5 12 0
Waistcoats, Cloth or Valencia .. .. .. ,, 1 8 0
Trousers, any colour .. .. ,, 2 12 6
Tweed Morning Suits .. .. ,, 6 0 0
Livery Buttons extra.

引用自高級消費合作社，陸軍海軍商店的目錄。左起為管家的服裝、男僕的服裝。右側為客廳男僕的西裝，不過應該稱作服務生。1929～1930年。

會到及膝的長度。不過，當你必須炫耀在絲襪包裹下的小腿形狀時，羊毛長內褲的確是無用之物。

像這樣與業者勾結欺騙雇主，取得蠅頭微利的行為，實屬稀鬆平常。這是難以接受的犯罪行為，卻也是勉強被人接受的額外收入，界線十分模糊。

寫給紳士淑女的小費指南

直到18世紀左右為止，英國時不時就有向僕人贈送大量金錢和物品的習俗，這稱作「賞錢」。

早餐、下午茶、晚餐時，會分別給服務生符合市場行情的金錢。即便你只是在打牌，也會給他們錢。如果接受了留宿的招待，就必須根據住宿時間和僕人們的等級給錢。客人要回去的時候，僕人們會到大廳或玄關處，排成兩隊一直等候。從他們面前經過時，坦白說僅僅微笑是不可能殺出重圍的。

不過後來，送給僕人大筆金錢作為賞

錢的習慣，逐漸受到社會大眾批評而勢微。到了19世紀，回程時的列隊習慣，似乎已經不再流行。儘管如此，在留宿的家庭給照顧他們的僕人一些現金的習俗，仍然保留了下來。

該給小費還是不該給小費？應該何時給多少小費？不習慣上流大豪宅的人們，就像現在不習慣給小費的國家民眾出國旅行的時候一樣，會不知如何是好。

根據一九一〇年發售的家事大全《每個女人的百科全書》所言，小費的行情會隨著物價持續上漲，「如果你在一個開槍射獵的地方留宿10天的話，花在小費上的金額就要接近5英鎊」。在這本書中建議，富有的上流社會男士如要留宿在相同等級的家庭，應該支付以下的費用。

「對於幾天時間的留宿，管家會希望有1金鎊（＊譯註：sovereign，英國於一九一七年至一九一四年之間使用的面值，即1英鎊的金幣）。如果多次搭乘馬車，需要給駕駛半金鎊（＊10先令）以上。但是從車站接到家裡的話，只要1枚半克朗的銀幣（＊2先令6便士）或3枚銀幣（＊7先令6便士）就夠了。女性的留宿客人也是一樣。週末留宿期間，要給負責自己房間的女傭5先令，離開的時候給幫忙搬運行李的男僕以及客廳女僕半克朗。」

也有一些家庭完全禁止給小費，但是在這種情況下，必須靠其他福利來填補。因為當僕人沒有得到他們應得的小費，很快就會轉換到其他地方工作了。

「這雙靴子我昨晚明明拿出來了，但是你連碰到沒碰過。」「因為你沒有連錢包一起拿出來呀！」工作人員在要求無理的小費。從愛爾蘭寄出的明信片，郵戳為1918年。

靠小費致富

到目前為止的描述，大部分都是基於雇主角度的評論文章及家事指南書。話說回來，站在僕人們自己的立場，在他們眼中小費的實際狀況又是如何呢？

威廉・蘭斯利（William Lanceley）在

「你看，我認為你不是真正的紳士！因為你只給了我半克朗！」獵場看守人對小費金額感到不滿。取自《潘趣》1882年9月2日。

一八七〇年16歲的時候，以家童的身分展開了他的職業生涯，後來也成為一名上流家庭的管家。他對於能將第一份年薪8英鎊全部交給母親，感到得意洋洋。母親卻說無法收下，而將2英鎊退還給他。沒想到威廉還是偷偷將2英鎊放在老家桌上便回去了。因為他單靠小費就可以存夠錢了。

一九四〇年，歐內斯特・金曾經登上認識的伯爵負責的新聞專欄。內容中寫道：「金先生曾在管家界地位最崇高的地方工作過。光是小費，一年就能賺進600英鎊」，不過實際金額甚至比文章記載的更多，居然高達900英鎊。然而，其中有一半都分配給了與他一起工作的工作人員。這就是為什麼他在這個家工作的7年內，從來沒有男僕向他提出離職。

自古以來，英國的男性僕人因為強硬索取大筆小費而聲名狼藉。當然前文提到的威廉・蘭斯利和歐內斯特・金，並沒有文章寫過他們特意要求小費的事。只不過，如果看到目前為止

在劇院前等候主人及夫人的男僕們。「最近怎麼都沒見到你？」「我家主人這一季沒有訂劇院包廂。因為他花了很多錢才搶到一個觀賞鑽禧（Diamond Jubilee，君王登基60周年）的地方。」但為了排場，雇用僕人的費用似乎省不下來。取自《潘趣》1897年6月12日。

所提到的金額，就會讓人覺得普遍惡名昭彰也是無可奈何之事。在波特蘭公爵的宅邸維爾貝克修道院裡，就有一名男僕驗證了這種形象。

一直留宿在維爾貝克宅邸的阿波尼伯爵（Antonie d'Apponyi）要離開的這一天，發生了一件事。他給了男僕黑爾斯（Hales）1先令，命令他去電報局發電報。發完電報後，黑爾斯將6便士的零錢放在銀托盤上遞出去。伯爵正好要離開大廳，便說：「那些錢你拿去吧！」換句話說，他打算用6便士的零錢當作留宿期間的所有小費。

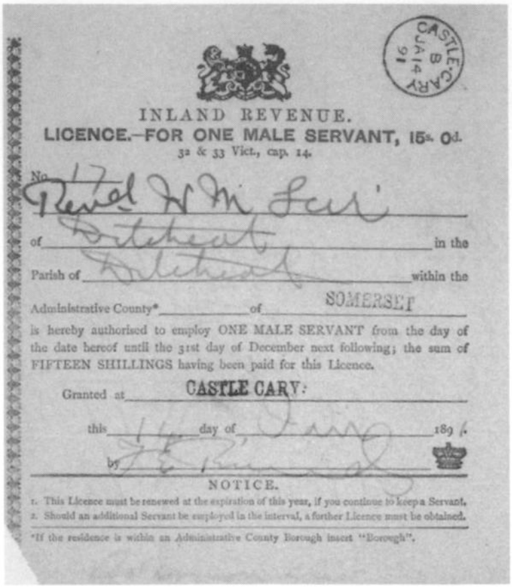
INLAND REVENUE.
LICENCE.—FOR ONE MALE SERVANT, 15s. 0d.
32 & 33 Vict., cap. 14.
No.
of ______ in the
Parish of ______ within the
Administrative County* ______ of SOMERSET
is hereby authorised to employ ONE MALE SERVANT from the day of the date hereof until the 31st day of December next following; the sum of FIFTEEN SHILLINGS having been paid for this Licence.
Granted at CASTLE CARY.
this ______ day of ______ 189
by
NOTICE.
1. This Licence must be renewed at the expiration of this year, if you continue to keep a Servant.
2. Should an additional Servant be employed in the interval, a further Licence must be obtained.
*If the residence is within an Administrative County Borough insert "Borough".

1891年薩默塞特郡核發的男僕納稅證明（執照）。除了高漲的薪資及小費之外，男僕還被課了稅。每人每年15先令。這項稅金一直持續到1937年才被廢除。

「『我不能收下這些錢。』黑爾斯說完，還將他有6英尺3英寸（＊190．5公分）的上半身往後仰。『阿波尼伯爵，請您留著這6便士，因為您可能會想再發一份電報。』

伯爵張大嘴巴面紅耳赤，說不出話來。接著他翻遍口袋，掏出1枚金鎊，交給了黑爾斯。」

一八九三年的禮儀書籍中也提到，「『大』宅邸的男性僕人，將收到金幣視為理所當然之事」。1枚金幣就是1英鎊或10先令。不過，並不是所有家庭的小費都能高漲到這番行情，其中還是有很多人認為1先令、半克朗，甚至是黑爾斯斷然拒絕的6便士，就綽綽有餘了。

在歐內斯特．金職業生涯初期工作的家庭裡，他便收到了合理的小費。只是收到小費的方式很奇怪，雇主有一個習慣，會從僕人背後「突然將1枚弗洛林（florin，＊2仙令）銀幣和1 1便士硬幣塞進脖子後方」。1便士的零錢，依照當事人的說法是「為了再次招來好運」。其實這名雇主曾以古怪著稱。

灰色地帶邊緣的額外收入

除了基本工資，主人有時會給僕人現金當作津貼，用來購買啤酒和白髮粉。不喝酒、以麵粉取代白髮粉的僕人，就能將錢存起來。

不過，也有些錢會在雇主不知情的情況下進到僕人的口袋，屬於額外收入。他們會將宅邸裡廢棄的物品賣給二手商變現。而能取得的物品，會依其所負責的工作領域而有所不同。

廚師們會把肉骨及油脂賣掉；廚房女僕及洗碗女僕會將禽類的羽毛及兔皮賣掉；車夫會將舊車輪賣掉；侍女

及隨侍會將舊衣服賣掉；管家及童僕則可以將沒用完的蠟燭及葡萄酒空瓶換零錢。

喬治・華盛頓起初在伊爾切斯特伯爵（Earl of Chester）的宅邸荷蘭莊園（Holland House）工作時，便曾賣掉葡萄酒空瓶賺取與女友梅茜（Macy）的約會費用。

「我當家童時會有額外收入。每回年輕的伊爾切斯特伯爵及客人留宿時，我就能在宴會廳取得喝完的葡萄酒空瓶和軟木塞。這些物品是很有價值的二手貨，所以時常會有收藏家來尋貨，用一打2、3便士的價格收購空瓶。軟木塞的價值更高。這個家庭裡拿出來的葡萄酒都是特定年分釀造的酒，所以軟木塞都會烙印上年分和產地。香檳、乾紅酒、波特酒在上好年分的軟木塞，價格超過5先令，如果是差強人意的年分，則是1先令6便士到2先令。軟木塞經不肖業者轉賣後，會附在貼有偽告標籤的廉價酒瓶上，或是被賣給高級酒店及餐廳的葡萄酒服務生。那些服務生必須將取下的軟木塞放在桌子的角落，給負責招待的主人看。換句話說，請喝葡萄酒的人們因為微醺的關係，明明是廉價葡萄酒，卻被迫支付特定年分釀造的葡萄酒價格。我沒有花掉這次賣的錢而是存了下來。所以當梅茜來邀請我去她老家度假一週時，我毫不猶豫地答應了，而且還能帶著一大筆錢當作玩樂資金。」

對於大豪宅的男僕來說，除了薪資之外，還可以得到諸如此類的各種外快。如果能做到可以出現在客人面前的等級，可說就能過著金錢無虞的生活。

接著下一章中，將為大家介紹他們如何用各種手法攢下來的錢，度過開心的休假日及休閒時間。

一名不喜歡被迫將頭髮染白的男僕發出辭職通知。「每次把頭髮染白，我的臉色就會看起來很差。」「那和我的臉色無關 ──不過你走吧！」取自《潘趣》1868年4月11日。

穿著制服的男僕將馬車的門打開等候著。引用自《倫敦生活》（1902年）。

column

「伙食費」種種

性感的約翰・托馬斯（John Thomas，男僕）說：「廚師，我想到一個好主意。我們已經吃膩羊肉及豬腳。差不多是時候開發新動物了吧？」取自《潘趣》1864年1月23日。

雇主不在家的期間，會提供現金用來購買食材，稱作「伙食津貼」。不過，這種津貼卻引發了悲喜交加的一連串故事。

查爾斯・庫柏19世紀末時，受雇於靠近湖濱地區的伊甸園（Eden Hall）擔任家童。當這個家的主人理查德・馬斯格雷夫爵士（Sir Richard Musgrave）出國時，他曾經靠著伙食津貼度過一段時間。

「那時我們這些男僕的餐點是由第一男僕安排。為了提供最便宜的菜色，他會預訂豬五花。大概是因為他認為這是醃製過的肉，可以大大節省料理時間。這種豬五花一定會長達1碼（91．4公分），每次到了吃飯時間，我們都會仔細地插插看加以確認，結果還是豬五花，不可能出現其他菜色。我猜到最後，大概會用它來更換庭院裡破損的石板吧。」

他成為什勒斯維希・霍爾斯坦（Schleswig-Holstein）公爵宅邸坎伯蘭屋（Cumberland Lodge）的男僕後，當時僕人一整年都會領到伙食津貼，每個部門的會計和管理都會分開進行。

獵場看守人在獵犬的陪伴下，穿著整齊的服裝，收集射中的斑翅山鶉。照片拍攝於諾福克阿爾伯馬爾伯爵（Earl Of Albemarle）舉辦的開槍射獵派對上。

在多塞特郡舉辦的開槍射獵的戰果。1927年的照片。

「伙食津貼是每週15先令，會領到牛奶和蔬菜。通常每天只需1先令購買食材，所以我們有足夠的資金在『Pig & Whistle亭』喝飲料。每到星期五，我都會花半克朗從格里姆斯皮鎮買一籃魚，這樣就能應付6個男人的午餐。」

男人們正處於很會吃的時期，單靠蔬菜、牛奶、魚實在無法滿足。可以的話，當然希望能吃到免費的肉。於是男僕們想出了一個計畫。

「某天早上，康諾特公爵（Duke of Connaught）亞瑟王子來到獵場射獵兔子。一名男僕請求他，如果有多出幾隻兔子，希望能送給他們。

『好吧，我會幫你們送到廚房。』王子說。

但是男僕竟然進一步要求：『殿下，請不要交給廚房處理。這樣就進不到我們嘴裡了。』

結果王子笑著回他。

『我知道了。我會送到工作室去。』

於是6隻兔子送來，我們整整吃上2天。」

他們就像這樣，努力省下一點伙食費，讓酒錢及存款增加。

盛夏日的男僕。「居然要在這種烈日下坐在馬車外頭的台階上。除非年輕女士們的處境和我們一樣，否則我才不出門！」《潘趣》1868年7月25日。

第6章

管家的閒暇時光

無法休假的管家們

「希爾先生完全沒有考慮過我的放假時間。

『先生，我明天可以休息嗎？』我說完之後，他想了一會兒，然後回答。

『金，明天不行。明天有撲克派對，你後天再休息。這天我打算一大早刮鬍子。』

但是，他應該早上7點起床，9點時眼睛要完全睜開才對，沒想到他突然閉上眼睛，假裝睡著了。如果我能在午餐時間出門的話就算幸運的了。5年來，我一個月內的放假時間從來沒有超過半天。」

歐內斯特・金在第二次世界大戰開始後沒多久，就擔任菲利普・希爾(Philip Hill)先生的管家，他在銀行業累積了巨額財富。據說他對於自己支付的高額報酬所要求的服務，就是「按下按鈕就要隨時立即趕來」。他大概就

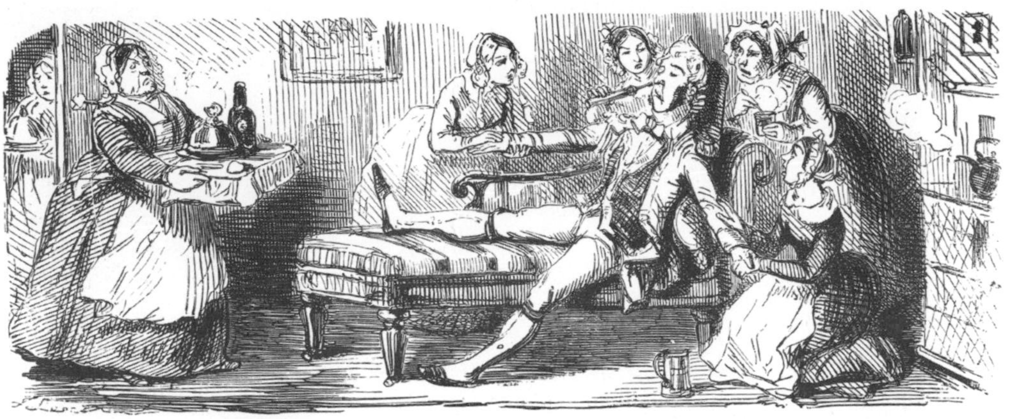
社交時期結束後，女僕們服侍著精疲力盡的男僕。取自《潘趣》1846年。

一場賓客眾多的招待會上，負責衣帽間的僕人們非常忙碌。看著這一切的小男孩湯米說：「我們來調換號碼牌吧！」取自《潘趣》1885年3月21日。

是一個徹頭徹尾的生意人。

從19世紀末到20世紀初，一般會給僕人每年一次為期1至2週的休假。但是，為了生意而忙於社交的主人，即便是僕人的休假時間，也會以自己的方便為優先。

一九三〇年代，阿瑟・英奇（Arthur Inch）成為白金漢郡宅邸西威科姆公園（West Wycombe Park）裡單人作業的男僕。事實上他在這個工作場所第一次能在週末休假，已經是15個月後的事了。大約過了2年之後，他便決定辭職，因為他需要休假去探望住在約克郡的家人。

大約在同一時間的一九三二年，克萊維登宅邸的一名男僕也提出辭職。不過他才工作2個月的時間。然而這段期間內，主人沒有給過他半天的休假。問題就出在工作人員分別被安排在倫敦和克萊維登，不僅超時工作不斷發生，還得浪費時間去接聽電話。如此一來，類似拋光銀器等日常工作，當然就得被迫在本來應該可以休息的晚上去做。據說家人見到他回到家後「精疲力竭、憔悴不堪、損害健康」的模樣，感到十分震驚，才會勸他辭職。

何時可以休息?

話雖如此，並不是所有男僕都會被迫工作到健康狀態變差的程度。儘管很難取得長假，不過如果是在工作人員充足的家庭裡，就能處在游刃有餘的工作制度之下。

弗雷德里克・戈斯特在波特蘭公爵家擔任皇室男僕時，每當有皇室節日就要前往皇宮，不過平時都在公爵宅邸裡工作，由4名皇室男僕輪流執勤。

第一天：自己站在前頭工作，時常回應呼叫。服侍早餐、午餐、下午茶、晚餐。第二男僕提供支援。

第二天：第二男僕站在前頭工作，自己提供支援。

第三天：訪客較多時才回應呼叫。第三男僕與第四男僕會視需求協助。

第四天：不用當班。

換句話說，工作3天就輪到一天不用當班，其實是十分寬裕的工作制度。

弗雷德里克的其中一名同事男僕，也曾經出現在第五章中。他就是身高6英尺3英寸的黑爾斯。他是一名非常英俊的愛爾蘭人，當他跟隨公爵夫人乘坐馬車外出時，完全就是一付忠誠僕人的模樣。然而，每天當僕人喝完茶後，他就會忽然消失。結果和他一起工作的另一名男僕，就會被迫負責所有工作。

有一次，黑爾斯應該要值班回應呼叫，可是他人卻不在。鈴聲響起後，支援的工作人員應對時間也太慢，結果公爵本人親自過來，斥責了剩下的3人。公爵來到男僕的房間，這可是非常嚴重的狀況。

快到晚餐之前，黑爾斯好好地換上一身服務生的深紅色制服，看起來比平時更加容光煥發，英俊瀟灑地華麗登場。3人齊聲逼問並譴責他，他卻一臉十分抱歉地說道：「你們真的想知道我做了什麼嗎？我腳疼，所以就去用熱水洗腳了。」

如果你能幹又風趣，還能推卸工作給同事，加上你又是特別英俊且挺拔

1920 年代於斯塔福德郡宅邸舒格伯勒（Shugborough）工作的男僕和雜役工。休息時看本雜誌、抽根煙。

「夫人對不起，廚師說要等先生看完《泰晤士報》再讓我端過來──他說他已經等著上菜了！」催促是廚師理所當然的職權。取自《潘趣》1875年9月18日。

家庭女僕說：「詹姆斯！你沒聽到圖書室的鈴聲響了嗎？」詹姆斯說：「少管我！我不用理圖書室的鈴聲。今天是我週日外出日，我現在人在教堂裡！」取自《潘趣》1863年7月11日。

的男僕，看來是可以根據自己的心情安排休息時間的。

男人們的倫敦夜生活

雖然不如黑爾斯機靈，不過大豪宅的男僕一般都會在下午找到一些空閒時間。當他們不用當班，將看門工作交給別人後，就會大搖大擺跑出去玩。相較之下，地位低微的女僕們，平日及晚上都會被人嚴格禁止外出。

弗雷德里克・戈斯特常去的一家倫敦酒吧，是管家及男僕聚集的地方，店名叫作「奔跑的男僕（Running footman）」。這個店名來自18世紀以前，一名看守主人馬車、負責快跑傳令的僕人。他在這家酒吧裡，和一名同行友人一拍即合，盡享了倫敦的夜色。

「當我回到倫敦度過第一個晚上的休假時，我打電話給吉姆・阿斯丘，約他在『奔跑的男僕』碰面。幾杯啤酒下肚後，我們來到了蘇活區的一家小餐館，吃了一頓非常美味的龍蝦料理。

接下來我們去了標準劇院（Criterion Theatre），查看新演出的海報。這天的亮點是一個名叫『鹽味卷餅（Flying Pretzel）』的德國雜技團，他們將類似三輪自行車的裝置綁在膝蓋下方，展開精采的特技演出。

表演結束之後，我們感到非常快樂，決定在外出日的最後一刻，去參觀在伯爵府（Earls Court）展覽館舉辦的美國博覽會。試喝了從水龍頭流出的著名美國拉格啤酒。」

其他時候，他們也會去皇家亞伯特音樂廳（Royal Albert Hall）欣賞管風琴演奏會或是芭蕾舞表演，還會去音樂廳欣賞流行的喜劇歌曲。甚至會去參觀知名的觀光景點漢普敦宮（Hampton Court Palace）以及蘭柏宮（Lambeth

位於倫敦高級住宅區梅費爾 的酒吧，奔跑的男僕。

酒吧「奔跑的男僕」的招牌。為了保持繼續奔跑的體力，據說在手杖的前端，注入了混合雞蛋和白酒的能量飲料。

去迎接主人們之前，男僕們將樓上的動向當作話題，與同行在酒吧喝一杯。取自《潘趣》1882年12月7日。

巨人般高大的男僕，像在照顧小貓一樣說道：「真可憐，媽媽不在這裡，就讓我來幫你喵喵叫喚人來吧！」取自《潘趣》1870年代後半。

聽到鈴聲前來查看時，竟發現經小姐訓練下懂得拉鈴的那隻狗，正在聰明地練習當中。取自《潘趣》1865年9月2日。

Palace）。有一次的星期天，他們在泰晤士河搭船逆流而上，並在皇家植物園喝茶和享用附帶的鮮蝦料理。

站在現代人的角度來看，如此充實的觀光體驗也會令人羨慕不已。對於外出機會多的男性僕人來說，倫敦季的工作充滿了魅力。

管家們和寵物

歐內斯特・金有些不尋常的嗜好。因為他會飼養老鼠，甚至被譽為「全國最偉大的老鼠培育員之一」，幾乎達到專業飼養員的地步。

「有一段時間，我養了多達1千隻的老鼠。這是我的嗜好，甚至還加入了『國家老鼠俱樂部』。這個團體裡有許多博士。我不但會出席品評會，還會參加水晶宮（Crystal Palace，＊為19世紀首屆倫敦世界博覽會而建造的鐵製玻璃建築，於一九三六年燒燬）、利茲、布拉福、奧林匹亞等地的展覽會，以及許多農產品品評會。當然我必須強調一點，這些並不是小家鼠這類的鼠類。我們身為愛好家，擁有更偉大的抱負！我擁有的珍寶之一，就是在一九三六年於『利茲老鼠品評大會』上獲得的『頂尖獎』優勝獎盃。」

能如此驕傲地說並非單純小家鼠，可見他培育的寵物鼠應該經過不斷的交配。身為私人住宅管家，飼養多達1千隻的老鼠，這如果沒有雇主的理解，恐怕不可能達到如此規模。而且他不但獲獎了，還登上報紙。由此可見，雇主反而對他十分支持才對。

一九二〇年代，查爾斯・迪恩在愛麗絲・阿斯特的家中擔任管家兼隨侍的時候，遇到了與動物有關的奇妙「喘息時刻」。

女主人愛麗絲選擇了一位俄羅斯王子作為她的第一任丈夫，他身邊還跟著一名叫作瓦西里（Vassili）的俄羅斯廚師。他和大多數身為廚師的人一樣，是個性格非常粗暴的男人，一名卑微的雜役工甚至因此辭掉工作。當查爾斯・迪恩在面試接替人員時，對方問他能否將飼養的鸚鵡帶進來。他第一次遇到這種情形，雖然心裡想著「是不是也該面試一下這隻鸚鵡」，但在最後只問了飼主兩三個問題便結束了。

女主人欣然答應，雜役工約翰便將鳥籠搬進廚房附近一個擦鞋的小房間裡。孩子們非常喜歡這隻鸚鵡，時常帶零食過來和牠說話。但是約翰和鸚鵡來這裡的2個月後，查爾斯・迪恩被女主人叫了過去。

據說脾氣暴躁但是手藝高超的俄羅斯廚師瓦西里（左）與查爾斯・迪恩（右）。照片拍攝於紐約。

「『迪恩，我很擔心孩子們。我聽保姆說，孩子們好像學會了一些髒話。你知道原因嗎？』

『夫人，我不知道，樓下沒有人會使用辱罵性言語，更何況是在孩子們面前。如果您不介意的話，可以稍微告訴我是哪些髒話嗎？』

『迪恩，我做不到，我不可能複述這些髒話。』

我心想：『真是個為善者。』因為我以前就聽過她說出這類髒話。」

最後女主人將髒話寫在紙上，命令管家在空閒時調查一下。紙上寫著「英國他媽的」和「大不列顛去死」。查爾斯・迪恩突然靈光一閃。他在鸚鵡旁邊監視了幾天，某天便看見廚師瓦西里從廚房走出來，手拿著刀在大呼小叫。

「『阿羅，瓦蘇。』鸚鵡說完後，廚師一邊拿刀插進鳥籠一邊喊著。

『你這隻笨鳥，我要殺死你。英國他媽的！大不列顛去死！愛麗絲該死！』想當然，最後一句話女主人並沒有記在紙上。」

與女主人商量之後，鸚鵡和他的飼主雜役工被趕走了，而滿嘴髒話的廚師依然留了下來。看似不合理，卻也無能為力。因為廚師的料理比鸚鵡還更稀有。

週日上教堂

雇主經常要求僕人們，要在週日去當地教會參加禮拜。如果是信仰虔誠的家庭，會希望每週盡可能一天去2次；沒那麼虔誠的家庭，或是地位低

阿斯特子爵夫人過世後，查爾斯・迪恩成為英國駐美國大使館的管家。

微的女僕們，則允許每隔一週去一次教堂。

當然，這位以老鼠愛好家而馳名的管家歐內斯特・金，也有過稚嫩的新人時期。在愛德華時代，當時年僅18歲的他在奇切斯特（Chichester）先生的家中擔任第二男僕。

「在哈姆林・奇切斯特（Hamlin Chichester）少校的宅邸阿爾斯頓公園，男僕上教堂時必須穿著制服。車夫則要穿著短靴（＊上緣使用不同顏色皮革的靴子）加斗篷。司機也是一樣。他是來自盛德黛西公司（＊英國汽車公司）的機械師，對家事僕人的事情一無所知。儘管如此，他還是被要求穿上駕駛用的上衣、及膝長褲、有帽檐的帽子和長及手腕的厚皮手套。

女性僕人穿著深色衣服，戴著黑色無邊布帽。從下午到晚上都是她們的自由時間，她們會將帽子盒掛起來再出門，交給看門人的妻子保管後前往教堂。隨後，看門小屋的狹窄走廊，就會出現一大堆女僕的帽子盒。早上的禮拜結束後，這次則會寄放教堂用的黑色無邊布帽，再換上外出的帽子。然後步行或騎自行車4英里（＊6・4公里）去鎮上或自己的家。晚上10點時，必須換上黑色連身裙、圍裙和帽子才能回去。男僕則是一身制服，參加晚間禱告。」

在其他家庭，當女僕上教堂時，通常也要被迫穿上樸實的便服，並戴上黑色無邊布帽；至於男士方面，則要求他們穿著制服、工作服或正式西裝再去。站在主人及夫人的立場，既然花大錢雇用他們了，就想向附近居民炫耀一下自己有能力雇用僕人。

年輕小姐們身後，一名男僕拿著她們的小本子跟著走。1859年。

或者，是想藉由「讓他們穿得明顯是僕人的樣子去上教堂」，給人留下深刻印象。牧師們會用強化階級制度的方式講道：「要謹守分際，忠誠地服侍主人。每個人都是侍奉上帝的僕人，所以這是理所當然的事」——他們大概以為，讓僕人穿著僕人標記的服裝、聽這樣的講道，就可以壓制他們的叛逆精神。

然而，這樣的效果並不明顯。因為埃里克・霍恩記得，有一位主人把管家叫來後斥責他說：「有一個男僕在講道期間睡著了。叫他少喝點酒！」

根據查爾斯・庫柏所言，信仰虔誠的雇主都會希望所有員工接受堅振聖事（Confirmation）。這在一些基督教派中，是嬰幼兒時期接受洗禮，到了某個年齡後，要再次宣誓個人信仰的儀式。據說主人會命令管家，找出「應該接受儀式的人」。

主人們希望透過這種方式，控制僕

人的精神生活。而指導的責任，都落到了管家身上。

制服引發的衝突

弗雷德里克・戈斯特也回憶起穿著制服上教堂的情景。他在考特・海（Court Hay）宅邸服侍2位格萊斯頓家的紳士時，得到了2種類型的制服。工作日期間，他要穿上帶有6顆銀鈕釦的深灰色上衣、假衣領、白襯衫和領帶工作；但是當他要上教堂時，通常會一身「週日制服」，外型相同卻是深紫色並配上金鈕釦。

他似乎對自己華麗的制服感到自豪；但也有人對此懷抱著複雜的心情。

一八三七年，一名年僅15歲的男孩亨利・懷特（Henry White），在牧師住宅當男童僕。男童僕會穿著與男僕相同的制服，但是事實上，就和家童及其他童僕一樣，他們屬於到處奔走做所有雜事的僕人。

亨利・懷特拿著祈禱書，跟在雇主後頭。他在教堂裡的工作，就是要打開家族專用的信徒座位大門，接著將帶來的祈禱書安置在座位上。

這時亨利穿的正式禮服，是「短

蘭斯多恩侯爵（Marquess of Lansdowne）的男僕們。會根據場合的正式程度改變服裝。這張照片以最正式的禮服站在儀式用馬車前方。

蘭斯多恩侯爵家族穿著半正式禮服的男僕們。絲緞變少了，背心上的刺繡也減少了。

一模一樣的日常制服。自19世紀末至20世紀初的服裝。

在康瓦耳的宅邸科蒂爾準備租戶舞會。僕人們正在調製飲料、布置座位。此為1840年左右，尼可拉斯・康迪（Nicholas Condy）的畫作。

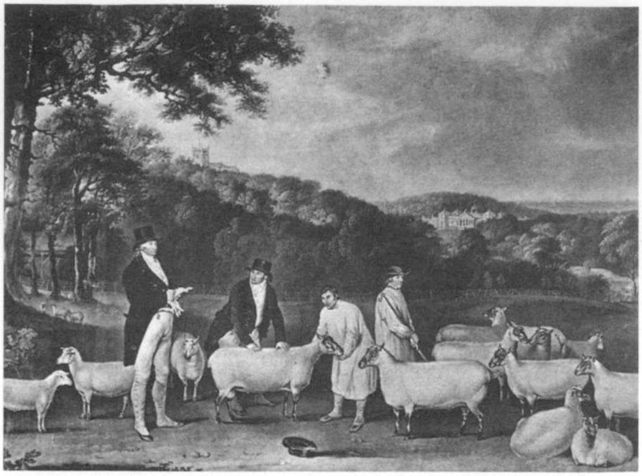

背景為候克漢廳，地主托馬斯・科克（Thomas Coke）在檢查他的羊群。此為1800年代，托馬斯・韋弗（Thomas Weaver）的畫作。

克拉格賽德（Cragside）宅邸中，為租戶舉辦的午宴。這是為了迎接兒子的21歲生日，並慶祝他成年。1913年。

靴、白絲襪加上黑色長毛絨及膝長褲、硫磺色背心、裝飾著金色絲緞的明亮天藍色上衣」。據說他一身的制服遭到村裡少男少女的取笑，說他「像喜鵲一樣」，讓他非常生氣。

教堂是人們交流的主要地方。不管是在村莊或城鎮、城市或鄉下，大多數的群居地點都是分布在教堂周圍。諸如火車站等新穎的公共設施，反而多位於外圍邊緣。

在信仰力量依舊強大的時代，無論是領主和他的僕人，還有居住在村莊裡的農民、礦工及商人，都會一同來到週日的教堂。

換句話說，週日的禮拜是大豪宅與當地居民的世界彼此接觸的機會。生活在不同世界的人之間，想必會在這裡發生各式各樣的故事。

僕人舞會

領主接受居住在自己領地內的人民為他效力；相對來說，領主習慣在每年的工作告一個段落時，也就是豐收節、農民舞會或是剪羊毛大會上，請人民喝酒吃飯、慰勞他們一下。然而，這時提供的料理和葡萄酒，當然會與提供賓客享用的有所區別。藉由這樣的機會，領主的僕人就會轉而去招待當地的居民。

許多雇主在聖誕節的時候，或是家族有值得慶祝的事情時，比方說孩子出生或是21歲成人之際，除了舉辦樓上的慶祝會之外，還會另外為僕人舉辦舞會。

租戶舞會。年輕地主與盛裝打扮的高大農婦跳著華爾滋。取自《潘趣》1887年4月30日。

一八九六年，查爾斯・庫柏清楚地記得，當時他服侍家庭的長女結婚，主人曾經大擺酒席。

「我應該永遠不會忘記那一天的婚禮。主人慷慨地提供一切，並招待家中每一個人喝香檳。僕人們都盡情地享用了這種稀有的酒精飲料。」

阿斯特子爵夫人貼身侍女，羅西娜・哈里森（Rosina Harrison，左）參加的僕人化妝舞會。這時第二次世界大戰剛結束。

以這位主人為例，他為樓上賓客準備的婚宴料理，無論外燴菜色或是清潔服務，都是交由外部業者打理。就連晚餐，也只讓僕人們準備不需要開火的料理，並採取自助式的方式。

而主人這一切的考量，都是要讓僕人們從工作中獲得解放，讓他們能專心玩樂。

在正式的僕人舞會上，諸如聖誕晚會等時候，雇主一家會下樓，例如：主人會和女管家、女主人會和總管或管家配成一對領舞。

此外，依不同家庭而異，即便沒有特殊名目，還是會被允許定期舉辦小型的舞會。

準備參加舞會的女僕們，會試圖從她們僅有的幾套服裝當中，挑選出最好的禮服。這樣就會和平常的制服形成差距。

當她們與素日被隔離的異性，隨著音樂一同舞動身體時，就會很容易萌芽幾段戀情。只不過，管家及男僕的戀情卻是前途多舛。

男僕的職場戀情

戈登・格里梅特第一次認真交往的女孩，是在大豪宅朗利特莊園裡一起工作的蒸餾室女僕愛麗絲（Alice）。戈登一開始是擔任燈童，但是在第一次世界大戰（一九一四年～一九一八年）快要結束時，他被晉升為第三男僕。

「如今想來，我被她射中的部分，可能不是我的心，而是我的鼻子。那時，從蒸餾室裡飄出了一股不像是這個世界會出現的美妙味道。是一種混合了剛出爐的麵包、餅乾、咖啡、薰衣草、百花香和香草，十分好聞的香味。說不定我愛上的，其實是我親愛的愛麗絲全身上下充斥的這種氣味，而不是她可愛的臉龐，也不是她結實的體格。」

不巧的是，蒸餾室與女管家室是由螺旋樓梯相連著。身為愛麗絲上司的女管家，不時會來到蒸餾室，幫忙製作醃漬食物，諸如蜜餞、果醬、橘皮果醬、罐裝櫻桃、玫瑰水、司康、蛋糕和糕點。一排排的水果瓶，看起來就像是「護衛軍的隊伍」。

戈登・格里梅特。1921年身為阿斯特子爵家第二男僕時的工作照片。拍攝於子爵家的海邊別墅。

每當製作果醬的季節到來時，戈登就會趁著管家不注意的情況下溜進蒸餾室。接著愛麗絲就會從正在製作的果醬中舀出泡沫，塗在沾了奶油的麵包上拿給他。

帕克（Parker）太太會將鑰匙串掛在腰上，這是女管家這項職務的慣例，所以當她走近時，就能透過叮噹作響的鑰匙聲來得知。即便如此，還是有好幾次被她抓到他和愛麗絲在一起的時候。再責罵也無法改變情況之下，她向總管報告了此事。

「（總管）布雷澤（Blazar）先生開始扮演一名嚴父的角色。

『戈登，在這之前我應該跟你說過很多次，你要克服你下半身的本能。如果你再不停止對女僕下手的話，我就得解雇你了。』

『但是，先生，我手都沒有碰到。我只是和她們一起吃麵包和果醬而已。』

布雷澤先一副這樣更糟的模樣，悲哀地搖了搖頭。

『戈登，言盡於此，你可以走了。』」

在這樣的情況下，最終他和沉浸在甜蜜美夢的愛麗絲分手了。戈登・格里梅特其實是個十足的花花公子，甚至在他換到克萊維登宅邸擔任男僕之後，還是不斷地向一名瑞士人的兒童房女僕以及朋友的戀人下手。依照他的說法是，「兒童房女僕是男僕的額外收入」。

某次，他在舞會上遇到一名女孩，便假裝成來自倫敦的樂團音樂家。有人說他用來吹薩克斯風的手太粗糙時，他就騙對方說：「因為我經常從事園藝。」可見在他眼中，男僕是個不受女性歡迎的職業。

最後他與來自同一個工作場所、名叫波比（Poppy）的女孩開始認真交往。她是園丁長的女兒，負責宅邸內的花藝工作。兩人的關係必須保密。他坦白說，這就是為什麼會令人興奮的原因。例如在通道擦肩而過時偷偷地手碰手、交換祕密紙條，分頭出門在僻靜的地方碰面。他們其至會租一艘船渡河，來到附近的梅登黑德鎮。

過不久，他們習慣之後變得大膽，約會次數也增加，兩人的關係成了公開的祕密。不知道這件事的，只有他們當事人和女主人。最後他們還蹺班去看電影，導致波比來不及在晚餐時間布置好花藝。父親園丁長急忙趕來填補空缺，不過他們還是被解雇了。

於是戈登和波比便趁著這個機會結婚了。據說他與克萊維登的管家埃德溫・李保持著良好的關係，等事情平息後，遇到人手短缺時，他就會被叫去幫忙。

戈登・格里梅特被解雇之後，有一段時間曾在一家名為「獅子角屋」的連鎖咖啡廳擔任經理一職。這顯然不是他們計畫好的「退休」。不過，平常就存下薪資及小費，或是和能存下很多錢的廚師、女管家在一起，夫妻再開始做起生意的例子，可說是屢見不鮮。

典型的行業就是酒吧或飯店。倫敦著名的「布朗酒店（Brown's Hotel）」創始夫妻，就是曾經服侍詩人拜倫（Byron）爵士的管家，與爵士夫人的侍

女主人說：「詹姆斯，我方才從僕人大廳旁邊經過時，看到你正在親吻一名女僕。」詹姆斯說：「夫人，請問是幾點左右的事呢？」女主人說：「4點左右。」詹姆斯說：「我想到了，如果是那時候，對方就是珍（Jane）。」花花公子的男僕。取自《潘趣》1908年12月23日。

女。可說是一個從僕人世界「畢業」後成功的例子。

玩火的下場

每個人談戀愛的方式都不同。可是，卻經常出現想要得到未來明確承諾的女孩，與討厭束縛的男孩這種組合。又帥又高的男僕們想趁著年輕玩得開心，又需要頻繁換工作才能出人頭地，因此很難想要建立穩定關係。

「我想離開這裡還有另一個原因，就是第二家庭女僕。這個女人逐漸展現出她的占有慾。當我在僕人大廳時，如果想對其他女孩說『早安』，她就會在桌子底下狠狠地踢我一腳，用力到我都以為小腿要骨折了。趁著她取得休假時，我便發出了辭職通知。就在她預定晚上要回來的那天中午，我就要離開。這次事件是一個很好的教訓。因為我決定不要再無意中將自己的愛，交給同一個工作場所的女人。」

1837年由一名前管家開設的布朗酒店。據說是阿嘉莎・克莉絲蒂（Agatha Christie）《伯特倫酒店（At Bertram's Hotel）》原型。現在仍以傳統的下午茶服務而聞名於世。

這是歐內斯特・金在年僅20歲左右時所犯下的錯誤。多數人都會趁著女朋友休假期間默默離去。然而在這之後，他又目睹了另一個人更加壯烈的悲慘畫面。

他在大富豪麥金托什（Mackintosh）先生的巴黎家中擔任管家的時候，於當地雇用了一名位法國廚師，並將他帶回英國。這位名叫戈爾伯特（Golbert）的廚師，因為善於製作精美晚餐，而在國際上享有盛名。但是他是個好色之徒，所要求的費用還是天文數字。儘管如此，主人的朋友都對他做的晚宴給出高評價。

有一次，一個不會說英語的法國年輕女孩獨自登上火車。歐內斯特會說法語，但是廚師說他自己回應就好。於是歐內斯特便看著兩人，過程中他以為廚師要打女孩，就拉著她的手，強迫她上了計程車，並帶著她離開了。之後，正當歐內斯特思忖著「必須找一位新廚師」的時候，最近的車站站長打電話過來。

「『抱歉，發生了可怕的事！』站長說道。

『什麼可怕的事？』我反問：『情況非常糟糕嗎？』

至今我仍不曉得，為什麼要這麼問。除了女孩眼中浮現的絕望神情之外，根本沒有任何因素能夠預料到會發生那樣的災難。

站長回道：『這真的是最糟糕的情況。現在兩人的遺體剛被送往萊特沃特安置所。』

後來我聽說，當駕駛開到站內道路的盡頭時，聽到後座傳來3聲槍響。駕駛緊張不已，只能勉強冷靜下來將車趕快開到車站。原來是女孩向廚師開了2槍後，又把槍口朝向自己。

我在警察局看到了那把手槍，我從來沒見過那麼小的左輪手槍。槍裡裝滿了達姆彈。」

管家被夫人看到正在與女僕眉來眼去。「因為現在是聖誕季。」管家隨便找了一個藉口。取自《潘趣》1921年12月28日。

仔細挑選的女孩

身為花花公子的廚師及男僕，他們的態度令人無言以對，但是女孩當然也不遑多讓。艾瑞克・霍恩在少年時期交過一個女朋友，不過當他開始當男童僕時就被人甩了。因為她直截了當地說，並不打算讓「穿制服的男僕」當她的男朋友。話說回來，他也不見得能抽得出時間去見女朋友。

事實上，在12、13歲時，艾瑞克對於自己的外表就相當有自信了。雖然沒有照片或人像畫，所以真相不得而知，不過據說他在退出唱詩班的當下，是一個「臉頰飽滿有雙藍眼睛，滿頭金色捲髮」的美少年。然而，在這種天使般的外表下，還是因為一身制服的關係而失去了吸引力。工作資歷尚淺的童僕及男僕，對於作為男朋友候選人來說，果然還是不太受歡迎。

主人允許邀請朋友及家人來吃飯。女主人說：「你可以找你太太來。」管家說：「非常感謝夫人，但就先不用了。」因為工作場合中已經有很多年輕漂亮的女性。取自《潘趣》1883年12月1日。

弗雷德里克・戈斯特從一九〇〇年左右開始服侍的格洛索普的霍華德（Howard of Glossop）家族，代代都是天主教家庭。主人霍華德爵士在挑選員工時，採用了不尋常的標準。他規定女性需為天主教的愛爾蘭人，男性需為基督新教的英格蘭人。因為他認為，愛爾蘭男人容易因為飲酒過量而惹出麻煩。不過從弗雷德里克的經驗來看，有些英格蘭男人也會像愛爾蘭男人一樣喝得爛醉。

弗雷德里克自己習慣去上新教某一個教派的教堂。儘管男女教派各異，不過工作人員之間的氣氛很好。其中他又和廚房女僕長茱莉亞·多納休(Julia Donahue)相處得特別好，並成了好朋友。當然，她是個虔誠的天主教徒愛爾蘭女孩，而且長得十分可愛，又有幽默感，看人的眼光也很好。

「『弗雷迪，我曾經差點考慮要不要和你在一起呢。』她一雙烏黑的大眼睛裡充斥著淘氣的光芒說。『如果你再大5歲，而且轉向正確信仰的話！』『但是茱莉亞，』我反駁：『總有一天我也會老5歲。不過遺憾的是，我認為那時我還會是一個新教徒。』」

對於可愛又犀利的茱莉亞來說，弗雷德里克還年輕，又屬於不同教派，所以無論他們相處得多好，他都是不適合的對象。開玩笑之下，女孩們還是會冷靜地評估男人的未來性，希望找到一個可以和她們好好步入婚姻、擺脫女僕生活的對象。

男僕們也並非從未想像過有妻兒的溫馨未來，但婚姻之路遠比他們一時的遊戲人間及戀愛關係更加艱難。

沉迷於流行小說的女僕靠近她的男僕男友。「你不會像小說一樣，為了年輕小姐而拋棄我吧？」取自《潘趣》1863年5月2日。

已婚管家會被人討厭

一八八〇年發行的《僕人實用指南書》，是一本解說僕人工作內容以及如何對待的指南書。從管家到女僕，每種職位的工作內容都會分成不同章節做介紹。不過，像是總管、客廳男僕、隨侍就會合併成一章。儘管獵場看守人與園丁的部分大致上可以合併，卻幾乎沒有提及他們的工作內容，被認為已經「超出本書範圍」。從省略了真正上流家庭才能雇用的男僕類型相關說明來看，這本書的讀者應該是中下層階級的夫人和僕人自己。

話說回來，參閱這本指南書中的「管家的工作」一章，從第一頁就會驟然看到這段話：「有些主人及女主人不喜歡雇用已婚的管家」。說到不喜歡的理由，第一點就是已婚男性都希望盡可能多陪伴家人，因此有需要的時候恐怕無法陪在主人身邊。扶養妻子和孩子會耗費他們的金錢及精力，所以他們的穿著也不會像單身男人那麼時髦。而且最重要的是，他們恐怕會為了家人而對雇主的資產下手。

埃里克・霍恩在結婚之後，就因為工作職位選擇變少而吃了不少苦頭。「所以對於管家來說，婚姻無疑是一種自殺行為。首先有一大前提，他會被雇主掐住脖子。如果他結婚了，他就會有所謂的扶養家屬。而且他將無法如單身時一樣，隨隨便便換工作。」

如果在很遠的地方找到工作，就必須帶著妻子和家庭用品一起搬家。他

前來辭職的男僕人說：「我再也受不了夫人了。」主人對他說：「你也想想看我忍受多久了。」儘管立場不同，對於婚姻生活的看法卻是一致？取自《潘趣》1877 年11月3日。

「話說瓊斯（Jones ）你為什麼要結婚？」「先生我告訴您吧，因為我不想失去我的姓名。」——順便解釋一下，「瓊斯」和日本的「鈴木先生」一樣常見。《潘趣》1920年代。

們可能會在領土內擁有一間小屋並定居於此。

然而，當家人的居所被人掌控時，就算發生一些不愉快的事情，也必須忍耐下來。不僅如此，好不容易落地生根、建立家庭生活，卻因為某些因素被人解雇時，就得被迫立刻搬走。

相較於男僕這類的下級僕人，管家及上級僕人在私生活上往往擁有更多的自由。有時候管家與女管家，或是廚師夫妻，可以獲得已婚者使用的宿舍，並在同一工作場所工作。

不過，埃里克表示這裡也會出現陷阱。據說雇主「可以用一個人的薪水，雇用到2名員工」。

雖然年收入不至於低到另一半沒有薪水的程度，但是已婚管家的職業生涯確實處於不利的地位。埃里克透過介紹信和朋友間口耳相傳而建立起來的事業，也是在結婚之後每況愈下，因而吃了不少苦頭。

歐內斯特・金對於家庭生活的看法，如下所述。

戈登・格里姆萊特（左）和埃德溫・李（右），中間是李的夫人。晚婚而找到幸福的知名管家。

「理想的管家就是沒有家庭生活的人，不被允許娶妻。即使結婚了，也得把妻子當作不存在、看不見的東西。她的身影不允許被人看見、聲音不允許被人聽到。也不允許談論她，她就是一個不合格丈夫的附屬品。」

歐內斯特在回憶錄中，幾乎沒有提到他自己的妻子是什麼樣的人。她有時會遠居異國，經常寄來溫柔堅貞的信件，不過能看出她似乎身體不太好。

如果站在妻子的角度思考，當妳和管家結婚之後，恐怕婚姻生活會非常孤獨。也許是為了避免這種情況，管家們似乎都傾向於晚婚。

每個人都有幸福的結局？

埃德溫・李從24歲開始，為阿斯特家族兩代人服務了超過半個世紀，當他與阿斯特家族接聽電話的女性結婚時，年紀已經超過65歲了。

一九五二年，主人華爾道夫・阿斯特（William Waldorf Astor）子爵去世的隔年，李這樣說道：

「艾米麗（Emily）是我長年來一直關心的人。我很晚才結婚。我的確喜歡女人，但我自律地僅止於喜歡。因為我覺得沒有女人可以在嫁給我後適應我的工作，甚至應該說會願意去適應我的工作。」

主人過世後的第2年，他在海邊小鎮買了房子並結婚。他本來打算直接退休，卻在主人兒子的要求下，又繼續擔任管家一段時間。

不管是戀愛或結婚，他們都必須觀察周遭的狀況，再依照計畫進行下一步。喬治・華盛頓自一九三五年以來，便開始在迪奇利公園宅邸中擔任第一男僕。這時他曾經暗自思量。

「男僕是不可能結婚的，即使是隨侍也不行。不過，我知道我要被雇用為管家的日子已經近了。如此一來，我就可以結婚，並且可以住在鄉間別墅領地內的小屋裡。」

到了這個階段之後，他開始思考，如果可以找到喜歡的人，就可以進一步發展了。在那之前，他都沒有和女人建立長期的交往關係，一直在遊戲人間。他注意到的人，是大他6歲的侍女芙烈達（Frida）。等他晉升為隨侍的時候，他終於可以和同等級的人說話，慢慢地加深感情。

喬治・華盛頓在迪奇利公園宅邸中擔任男僕的時候。看起來很像是好色之徒（？）。

有一天，他終於求婚了，但是得到的答案卻是否定的。因為她擔心年齡的差距。「如果5年後你再問我一次的話，我就會答應你。」芙烈達回答。後來喬治・華盛頓換了工作，兩人分居兩地。不過他確實記下了這個日期，並在5年後的同一天透過電話再次求婚，而且承諾也實現了。他回憶起與她結婚的喜悅，形容「這是人生中最美好的事情」。這段小故事讓我們瞥見了20世紀初，在家事僕人社會裡微妙的上下關係，以及他們的人生規劃。

跟在貴族、地主和大富豪的身邊服侍，意味著自己所有的時間都要奉獻給他們，並成為他們生活中的一部分。許多管家及上級僕人都心甘情願地接受這一切。因為好處如此之多，以至於他們覺得不必和可愛的女朋友或帥氣的男朋友擁有私人時間也沒關係，失去個人生活或是將其延後也無妨。他們想要什麼，以及他們覺得好處是什麼呢？我想在剩下的章節中一探究竟。

column

居家派的管家們

僕人大廳裡輕鬆的舞蹈。位於左後方的男性僕人拉著一種名叫六角手風琴（Concertina）的老式手風琴並唱著歌，女僕直接穿著圍裙盡興地跳舞。《倫敦新聞畫報》1886年。

1860年代，方便攜帶的小張名片型照片（Carte de Visite）風靡一時。托馬斯說：「黃色制服在照片中顯得很黑，真是可惜！」取自《潘趣》1861年7月20日。

從收藏到語言

室內男性僕人的等待時間一般都比較長，因此很多人喜歡以各種不花大錢又不違法的方式消磨時間。在19世紀末踏入僕人生活的查爾斯・庫珀，描述了他在往日美好時光中遇到的男僕嗜好。

「有人會收集帶有徽章的制服鈕釦並放在箱子裡，或收集膠印徽章再貼在相冊中；有人會用鏤空木材製作架子、煙斗架、畫框及其他東西，並塗上法式亮光漆（＊shellac varnish，一種動物性天然樹脂製成的亮光漆），或是做絲綢和羊毛刺繡；還有人會學習語言，這對於找一份好工作十分有幫助，例如給經常出國旅行的主人當隨侍。」

制服的金屬鈕釦上，都會刻每個家族的家徽。應該就像郵票或收藏卡一樣，會在僕人間相互交換以收集。

生於1930年，在1960年成為管家的彼得・懷特利（Peter Whiteley）與他的家人。和埃里克・霍恩一樣，他的嗜好似乎就是編織。

嗜好太多的管家

說到手工藝，埃里克也不遑多讓。他在某工作場所裡學會了鉤針編織。

「過不久，我編織蕾絲和毛線的手藝就不輸任何一個女孩子了。我在當僕人的期間，就編織了幾十件嬰兒上衣。我認為女人們應該都會搶著要得到這些嬰兒上衣，幫孩子裝扮。請我編織老人披肩的人也絡繹不絕。」

埃里克少年時期曾加入唱詩班，受過音樂的熏陶。他還曾在樓上的音樂會上唱歌、以女裝在慈善劇中演出。他也喜歡演奏樂器，起初很喜歡彈六角手風琴，後來改拉小提琴。大部分的工作場合，下午都有3、4個小時的空閒時間，所以都會有時間練習。

當他晉升為隨侍，跟著主人四處拜訪宅邸後，每到一個家裡都被要求為舞蹈伴奏。

「第二次拜訪時，這個家的僕人開口問我的第一件事一定是：『你有帶古提琴（＊Fiddle，平民稱呼小提琴的方式）嗎？』」因為不管多累，都不會累到晚餐後無法在僕人大廳跳舞。」

可見僕人們用於玩樂的精力與用來工作的精力是分開的。

埃里克還利用空閒時間學會如何使用相機。據說他在派對上拍攝紀念照片，沖洗後貼在襯紙上送出去的話，就能得到謝禮，還賺了不少錢。起初每張照片都是1先令。聽到對方說能喊價時，他還曾用8張一組收下了1金鎊。價格等同於專業攝影師。

私生活過得不好，因為身高不夠導致事業停滯不前的埃里克・霍恩，整體來說他的回憶錄中充滿了抱怨。然而，描寫與朋友共度閒暇時光的部分，卻顯得十分生動有趣。他實在是一名多才多藝的管家，會唱歌、演奏樂器、手工和攝影。

女主人說：「詹姆斯！我很驚訝……」詹姆斯先生說：「夫人我也是！我以為您已經出門了！」管家正在偷喝特定年分釀造的酒卻被人發現。《潘趣》1885年4月18日。

第7章

管家的墮落

名叫酒精的怪物

「關於我個人的故事，接下來將進入我不太感到自豪的部分。只不過沒有談論這部分便結束故事，就像是在過著虛偽的人生。身為一名管家，有時候會需要同時管理2棟非常大的宅邸。說到可以運用的工作人員，不是完全沒接受過訓練，不然就是對工作只是一知半解，而且其中多數都是外國人。這些人完全不瞭解我們國家的做法，有他們特殊的習慣。我開始感到負擔過重。於是選擇了簡單的方式去逃避。尤其在感覺特別累的時候，我會偷喝一杯蒸餾酒，這樣就有辦法熬過下午的工作。雖然確實有效，但是就和其他癮君子一樣，1杯變成了2杯，酒精量逐漸增加，結果反而開始因為喝酒的關係，讓人感到疲勞及焦躁。從那時起，我瞬間察覺到自己身上發生了什麼事，但是我已經無法控制了。」

雇主（對應徵者）說：「我對酒窖是很囉嗦的人。你應該懂葡萄酒吧？」管家說：「我懂，我在以前工作的地方，大家都知道我是個不簡單的葡萄酒專家。」試喝太多酒，臉都紅了。取自《潘趣》1900年10月10日。

這是彼得・懷特利因工作壓力而開始酗酒的痛苦自白。他所說的就是在一九七〇年代，當時因人力短缺而造成的問題。不過酒精成癮並不是新鮮事，而是管家及男僕們的傳統職業病。

管家平日負責管理酒窖，也會進行品酒；隨侍只要主人要求，隨時都要調製雞尾酒，並在晚上將睡前飲料送到房間；廚師們會以烹煮料理為藉口，從樓上要來上等葡萄酒，但只用一半，剩下的都自己喝掉了。宴會廳裡剩下的葡萄酒，也會消失在撤下酒杯的男僕胃中。男性僕人與酒的淵緣如此之深，可謂密不可分。

當工作人員以這種方式接觸酒精時，雇主們總是以懷疑的眼光看待他們。描繪管家將酒窖打造為私用的諷刺漫畫也並不少見。坦白說，管家總是與鮪魚肚的中年人、臉紅酒醉的形象連結在一起。而且無論是主人的懷疑，還是諷刺畫的形象，一般來說都會結合現實。歐內斯特・金的故事便證實了這一點。

「有句話說：『喝酒是工人階級的詛咒，工作是喝酒階級的詛咒。』每一個因酗酒而死亡的管家與男僕，都知道這句話。許多保險公司都會以管家容易接近酒精為由而拒絕承保。事實上，當我第一次嘗試購買人壽保險時，負責人便建議我在職業欄中寫上隨侍，而不是管家。因為這樣才更容易被受理。」

酒精引發的喜劇

雖然這是嚴重的問題，但發生在別人身上也會成為一場笑話。管家們的回憶中，毫無例外地都會想到同事或上司因喝酒而釀成嚴重事故的趣聞。

查爾斯・庫柏在德國駐英國大使官邸擔任第一男僕時，正好趕上愛德華七世的加冕典禮（一九〇二年）。他與第二男僕站在儀式用馬車後的台階上，偕同來到西敏寺。他們趁空閒時去了酒吧，那裡也滿滿都是人。第二男僕沉浸在慶典氣氛當中，結果就喝多了。

第7章

chapter 7

管家的墮落

「直到我們回到卡爾頓府聯排（Carlton House Terrace）為止，一切都十分順利。我走下台階，打開馬車的門。但這時，第二男僕陷入了危機。他絆倒而掉進水溝裡，插著羽毛的三角帽飛向空中，一隻鞋子掉下來。他拚命抓住帽子和鞋子，坐下來時卻將鞋子誤以為是帽子而戴到頭上。從周遭圍過來的人們齊聲歡呼，有人拉了他一把幫他站起來。」

雖然大使閣下沒有見到這滑稽的瞬間，但是他察覺到第二男僕醜態畢露了。管家嚴厲警告他，雖然他還不至於被人解雇，不過他再也沒有被派去隨同馬車的工作，而這部分的工作全由查爾斯・庫柏負責了。

在其他人的證詞中，這類趣事不勝枚舉，像是在客人面前倒下去直接睡著，或是因為懶得清洗而將裝滿昂貴玻璃杯的托盤扔出窗外。還有一個普遍流傳的小技巧，就是透過咀嚼薄荷葉或咖啡豆，來掩蓋酒精氣味。難怪會有提到男性僕人就想到因喝酒惹事的刻板印象。

主人從劇院回來後說：「賈爾斯你搞什麼！是不是喝醉了？」賈爾斯說：「是的，如果我喝醉了，那是誰的錯？酒可是你的！」推卸責任也要適可而止。取自《潘趣》1898年12月24日。

維多利亞及愛德華時代，若因喝醉酒讓主人造成損害的話，就算沒有寬限期就被人解雇、拿不到介紹信，也不得有何怨言。很少有人會對這些沉溺於酒精的人表示理解和同情。

於本章開頭提到的彼得・懷特利的女主人，在他的問題檯面化後，便支付他去治療機構的費用，並在他戒掉酒癮回來後繼續雇用他。然而，這是一九七〇年代以後的事情。隨著時代演變，人們對於雇用關係的認知發生變化，才普遍認為酒精成癮是一種疾病，而非道德方面的問題。

男僕也為駕駛倒了香檳，自己卻直接折回了。「看來他已經決定不喝1911年以後的酒。」取自《潘趣》1921年7月20日。

沉迷於賭博

在男性僕人之間，賭博與喝酒、玩女人同樣容易造成問題。誠如第二章

位於約克郡西部18世紀的宅邸，諾斯特修道院（Nostel Priory）。

管家說：「抱歉打擾您一點時間。如果是輪盤和百家樂的話我十分贊同，但是客人要賭骰子的話……那不是下層階級的喜好嗎？」管家的階級意識十分強烈。樓上與樓下選擇的賭博也不一樣。取自《潘趣》1922年1月4日。

所見，賽馬既是上層階級的傳統嗜好，也是平民百姓的消遣。尤其馬場就在附近，或者雇主是賽馬主人，還有待在與賽馬淵緣匪淺的家庭中，賭博熱潮似乎很容易蔓延。

約克郡的宅邸諾斯特修道院距離著名的唐卡斯特賽馬場（Doncaster Racecourse）約30分鐘車程。根據當地公布的消息指出，這個家在一八八〇年下半年，為了尋找合適的管家費了很大工夫。因為在一年多的時間裡，好幾名管家相繼被人解雇。一八八八年九月，J・湯普森（Thompson）「因為酩酊大醉而在提前3週通知後解雇」；一八八九年六月諾布斯（Knobs）「因為在自己房間裡舉辦紙牌派對直到深夜」而被解雇；接著一八八九年十月，貝內特（Bennett）「因為在唐卡斯特賽馬週喝太多」而在幾個月內被解雇。

馬主是貴族，他們的僕人必須負責照顧賽馬出場比賽。然而，來自賽馬騎師及馬廄工作人員的「可靠消息」，會在親朋好友及僕人同事間的情報網四處流傳，喜歡賭博的僕人會因此不知不覺賭到超過自己能負擔的金額，久而久之就會被巨額債務壓得喘不過氣。此時在他眼前，總是充斥著閃閃發亮的金銀餐具、隨意擺放的巨額鈔票，還有看似很容易藏在手中的裝飾品及珠寶。所以最終屈服於誘惑，只是時間的問題。

埃里克・霍恩在伯爵家族當男僕時，據說他的上司管家就是因為這種模式而被逼到破產。

「有一句俗話說『如果你給某人一條足夠長的繩子，他們就會自行栓住脖子』。沒錯，他就是這種情形。在我離開的半年後，他被那個家解雇了。儘管他又到其他伯爵家工作，但是他在那裡還是放不下『他的馬』。

當雇主為了社交時期抵達倫敦時，裝飾會客室的物品，如古董懷錶、胸針、獎章、珠寶和其他各種小物件，理應要收在專用的貴重物品保管箱中。但是，所有東西並沒有放在規定的位置上。伯爵夫人曾叫他拿出來，他卻沒有拿出來。管家說，因為他找不到鑰匙。不久後，氣惱而無奈的伯爵便親自來到工作室。即便如此，管家還是一直說他沒有鑰匙。

伯爵叫來木匠，要他撬開箱子，裡面卻空空如也。藤街警察局的2名便衣警察被請來，管家才全部招認。他持有大量當票，不過絕大部分的物品都已經流當。他在審判中獲判有罪，被判刑了6個月。

最後聽到他的消息，是他在倫敦北部的一家酒吧外頭，負責壓制馬頭的工作。」

也就是說，這名前科犯管家，已經不可能再被私人宅邸雇用，淪落到與流浪兒童做著同樣的工作謀生。

主人的東西就是我的東西

據說他們的盤算是，如果將偷來的東西拿去典當的話，等到賽馬獲勝後就會將東西贖回來，回到什麼事都沒發生過一樣。只不過，也有人會毫不猶豫地賣給贓貨商，或是選擇消耗掉就沒有證據的東西，在神不知鬼不覺下多年來一點一滴地取走物品，像這樣聰明的貪汙者也不在少數。

用過就會消失的物品，最具代表性的就是食物。每日膳食主人都會供應，並允許他們將辛勤工作後產生的「廢棄物」視為己有。所以，多少會多拿一些寄給家人，或是將新的東西混入廢棄物中增加數量。站在僕人的角度，一般來說並不會有罪惡感。

正如第五章所言，喬治・華盛頓透過賣葡萄酒的軟木塞和酒瓶賺了很多錢。當他去曾為蒸餾室女樸的女朋友梅茜老家拜訪時，才能用這筆錢在附近商店置辦很少人會買的豪華小羊

女主人說：「你居然敢碰酒！」羅伯特說：「夫人請原諒我，我只是在為主人的健康著想。」連童僕也如此。《潘趣》1866年5月19日。

管家得到允許，可以為一名通勤的清潔女工提供一杯酒，於是他拿出最高級的波特酒招待。清潔女工卻說：「它應該比我一直服用的瀉藥味道更好吧。」《潘趣》1901年9月25日。

女孩要偷拿果醬時被人抓到。「媽咪，我實在很抱歉，但是這樣的小錯肯定都會發生的。」老成少女的藉口，就是在暗示僕人偷竊並不罕見。取自《潘趣》1922年3月29日。

腿，送給她當禮物。這份禮物，讓她的家人大為感動。梅茜出身自威爾斯一座貧窮的採礦小鎮。父親過去一直在煤礦場工作，之後卻失業了，再加上弟妹眾多，生活十分困苦。

從那時起，喬治・華盛頓不再因為食物不夠而抱怨。自從兩人回到倫敦後，他們開始定期寄食物到她的老家。因為有立意良善的目標，所以據說「他們從廚房偷走食物，也完全不會覺得羞恥」。

銀餐具、金打火機、珠寶、白蘭地和葡萄酒、昂貴的香水。過著奢華生活的主人身邊的物品，因為有價值且容易帶出去，成為了盜竊目標。19世紀中葉，某一棟宅邸裡的女僕們便偷了枕頭的羽毛。據說那個家的管家和女管家，則拿走了最高級的陶瓷器。

對於隨侍及侍女來說，還會有一種「額外收入」，就是從主人那裡得到不要的衣服。只不過，如果沒有確認主人是否已經不要，而是偷偷地據為己有的話，那就是盜竊了。

戈登・格里梅特在克萊維登宅邸當男僕時，經常為留宿的客人充當隨侍。其中一位客人是當時著名的插畫家查爾斯・達納・吉布森（Charles Dana Gibson）。因為他娶了女主人南希・阿斯特夫人的姊姊艾琳（Erin）。每次他來的時候，一定會給戈登大筆小費，還會留給戈登幾條領帶。雖然他說：「戈登你幫我拿去扔掉，因為我已經不需要了。」但是看起來並沒有糟到必須扔掉。管家李先生告訴戈登：「這是一位有教養的紳士要送你舊衣服當禮物時會說的話，你就留著吧。」

習慣得到領帶的戈登，在為即將離開的紳士們收拾行李時，開始會「偶然」忘記將一些物品放進去。結果，他累積了襯衫、背心、內衣和襪子等小收藏。有一天，他正在洗衣服時李先生走過來，發現上頭有客人徽章的衣服。當時若在街上遭人襲擊，在意識不清下被送往醫院，衣服上的徽章會被用來識別身分。因此，李先生跟他說道：「如果是這樣問題就大了，就

算是貴族他們真的把衣服給了你，應該也不會想到你會冒充那個徽章的主人這種事情。」

但是上司的警告並沒有造成太大的效果，因為他仍然會「忘記放進去」。不過，他變得更加小心了。

歐內斯特・金在德・威奇費爾德家工作時，也遇過一名會悄悄拿走衣服的女僕。她一直將偷來的衣服用包裹寄到外面去。而姓名首字母的刺繡會剪掉，完美地湮滅證據。主人發現的時候，一個衣櫥幾乎空無一物了。這是有計畫的大規模犯罪行為。

水果的誘惑

歐內斯特・金總是在提防工作人員的盜竊行為，但是就連他自己在年輕時也曾犯過一些錯誤。他不敵誘惑，吃了那年第一批溫室栽培的草莓。當他忍不住要將第2顆送到嘴邊的時候，有人從背後叫住他：「歐內斯特，拜託你適可而止！請你也要留一些給我。」——主人只說了這句話便離開了。對他來說，這是「人生中唯一一次的盜竊」。

餐桌上裝飾的稀有水果的色香味，對搬運和盛裝它們的僕人來說是誘惑的源頭。這顯然也是主人的財產，一旦偷盜的事跡敗露，可能會導致嚴重的後果。然而，當一個人在回憶錄中談到自己的這些行為時，多數人所下的結語，都是得到主人大方原諒了，或是順利在沒有曝光的情況下脫身。

弗雷德里克・戈斯特的故事中，問題則出在桃子上。他年經時曾於卡登公園宅邸擔任男僕，那裡的特產是地主的波斯桃子。他在午餐過後清理餐桌時，看到籃子裡有一顆漂亮的桃子，看起來就像蠟像一樣，於是忍不住拿了一顆來吃。因為實在太美味了，所以他將種子含在口中，一邊繼續工作。後來抬頭一看，女管家不知何時站在了門口。

這時該怎麼辦？如果吐出來就會被人發現。而且也沒辦法咬碎。弗雷德

男僕們在曾為倫敦最大的聯排別墅格羅夫納莊園（Grosvenor House），準備極盡奢華的晚餐。有金銀餐具、大理石雕刻以及花卉水果。

餐桌裝飾著鮮花，中間擺著豐盛的水果。喬治・杜・莫里埃（George du Maurier）擅長描繪社交界的諷刺畫。

里克進退兩難，試圖將種子吞下。結果，正如他擔心的那樣，種子卡在了他的喉嚨裡。墓碑上的文字在他腦中閃過。「因偷吃桃子而喪命的弗雷德里克・戈斯特長眠於此」——幸好在他差一點就要被人發現時，吞下了大量的麵包和蓖麻油才沒釀成大事。

弗雷德里克在不斷換工作後飛黃騰達，最後成為皇室男僕。在波特蘭公爵家位於倫敦的聯排別墅裡，為了歡迎國王的晚宴而訂購了鄉間別墅葡萄園中栽培的特殊葡萄。葡萄漂亮地排列在金色淺盤上，並且準備了用來剪開葡萄的金剪刀。

有一次，這些珍貴的葡萄被偷了。雖然在國王的宴席上可以提供其他的水果度過難關，但是隔天弗雷德里克便得知是宮殿派來作為額外人力的男僕偷了葡萄，這名男子將晚宴當天偷來的葡萄偷偷地藏在工作室有門的水槽裡。於是隔天早上，弗雷德里克等他獨自一人時來找他，並且當著他的面光明正大地收回去了。男人威脅說，如果事情洩露，他絕對不會善罷干休。後來結果正如小偷的期望。儘管管家懸賞5英鎊徵求情報，弗雷德里克卻沒有向總管報告。

「無論給我多少錢，我都不會做出出賣僕人同事的行為。如果那些昂貴的金盤子被偷了，我就會用不同方式加以阻止。但對我來說，葡萄並沒有重要到接受告密者的指責也要保護它。」

「將同事的事情向上打小報告」是樓下最討厭的行為。如坐針氈地工作的同時，衡量拿回葡萄後受主人及總管讚揚與被同事討厭孰輕孰重，想必答案昭然若揭。

貪汙現金

歐內斯特・金認識一位貴族，他習慣隨身攜帶一疊嶄新又乾淨的5英鎊紙鈔。每天晚上，他都會將沒用到的錢放在邊桌上再去睡覺。

「某天早上，當他在自己家中醒來時，發現只剩4張鈔票。他記得前一天晚上應該還有5張。於是他叫來隨侍。隨侍是一名服務近30年的男人。當貴族問他時，他一副深感羞愧的模樣。進一步追問下，發現這名隨侍多年來每天晚上都會私吞一張5英鎊鈔票。他會被送進監牢裡嗎？並沒有。雖然他被解雇了，不過這位貴族還是寬大為懷允許他住在自己的領地裡。」

只有舉行派對的時候，這個家才會帶附近的蔬果店老闆過來，將就著讓他當管家。然而，他卻開始為自己的店，向穿著禮服的客人拉生意。取自《潘趣》1871年月曆。

如果他永無休止地每天拿5英鎊，持續幾年之後，將會是一筆巨款。

除了從貴族身上的現金下手之外，有些人還會在帳簿上魚目混珠，貪汙大筆金錢。儘管在許多家庭中都禁止這種行為，但還是有絡繹不絕的主廚或廚師會在選擇供應商時進行協議，要求對方提供一定比例的佣金。

在諾福克郡的候克漢廳，從18世紀末到19世紀初，都是由領地主人托馬斯・科克先生親自負責管理工作。因為他曾經懷疑一個名叫考德威爾（Caldwell）的土地總管，從租戶身上收取巨額賄賂，斂財高達10萬英鎊。雖然不是直接從雇主身上奪取錢財，但是大幅削減當中的租金也是同樣的道理。幸運的是，他在一八一六年找到了可靠又有能力的人才。科克先生與他的新代理人法蘭西斯・布萊基（Francis Blackey）通力合作，才使領地的收支逐漸改善。

通往死刑台的道路

即便在金錢和財物上有所損失，也不至於喪命。可是現實中，卻也留下少數幾起僕人殺害主人的案例。

一八四〇年，弗朗索瓦・庫瓦西埃（François Courvoisier）所引發的事件便廣為人知。他是一名瑞士人的隨侍，為貝德福德（Bedford）公爵的親戚威廉・羅素（William Lassell）爵士服務。這位主人很難相處，平時總是為一些雞毛蒜皮的小事責罵庫瓦西埃。案發當天的半夜，主人用呼喚鈴呼叫隨侍。他很細心地帶了暖床器（＊暖爐。一種金屬長柄器具，類似帶蓋的平底鍋，會將熱煤炭放進器具中摩擦床鋪），沒想到爵士卻斥責他這種行為，跟他說應該先來問問有什麼事。但是大約經過20分鐘後，爵士又響鈴要求暖床器，還不悅地提醒他要更謹慎地工作。不久後威廉爵士下樓來到宴會廳，斥責庫瓦西埃毫無用處，並下令解雇他。沒過多久，庫瓦西埃便拿起餐具架上的刀子走到主人房間，幾乎要砍下他的半個頭後，再回到自己床上。

庫瓦西埃偷了10英鎊的現金，與幾件金銀物品。然而這樣做是為了讓人看起來像是一場搶劫，而真正的目的顯然不是為了金錢。他被人隨意使喚、受盡侮辱，自尊心受到傷害才會積怨已久。而且被扣上無能的帽子後直接解雇的話，未來將窮途末路，所以才會氣急敗壞而下手。

女傭們拿著裝滿煤渣的暖床器，等著寢室空出來。大概是在19世紀初。

必須忠誠的隨侍偏偏卻殘忍殺害主人的事件引起轟動，在他審判時聚集了許多貴族。

庫瓦西埃在紐蓋特處以絞死。直到一八六八年經法律規範之前，處決都是向公眾開放，並且是大眾觀賞的民間娛樂活動。在圍觀者當中，還有《浮華世界（Vanity Fair: A Novel without a Hero）》一書的作者威廉・薩克萊（William Thackeray）以及查爾斯・狄更斯（Charles Dickens）等作家。自維多利亞時代中後期，關於犯罪的驚悚小說十分流行，尤其是充滿謀殺、通姦、瘋狂和懸疑會激起讀者的興趣。這一起造成公眾關注的事件，說不定就是此類小說的起源之一。

若能找到一份家事僕人的工作，飲食和住所就能獲得保障。儘管按照現代的標準，家僕的工作時間很長，但是與同時代其他男性所從事的職業（如農業或礦業）等相比，並不是特別耗費體力的工作。關於性需求的部分雖然有所規定，不過在工作場所裡總是有許多年輕女性，從外面找女人也是取決於個人的能力。也就是說，大豪宅裡的男性僕人，在基本的生理需求上，可說都能達到很高的水準。如果最終還是不滿足，因而墮落、換工作、辭去僕人一職的話，究竟是缺了什麼呢？

個人為個人服務的工作中，多數情況都是取決於雇主的意思。最後一章將來探討一下與主人之間的關係。

大量觀眾圍著絞刑台。19世紀初，公開處決屬於一種娛樂。此為據說曾多次用於瓦版印刷品的通用版畫。

column

20世紀的殺人犯管家 羅伊・方亭

（Roy Fontaine）

1978年被判處終身監禁的羅伊・方亭（又名阿奇博爾德・霍爾，Archibald Hall）。引用自諾曼・盧卡斯（Norman Lucas）和菲利普・戴維斯（Philip Davies）的《怪物管家（Monster Butler）》（1979年）。

怪物管家的來歷

「我是一個小偷。一直以來都是。如你想像，我是非常厲害的小偷。」

二〇〇二年十月，阿奇博爾德・霍爾的訃聞登報。他出生於一九二四年的格拉斯哥，享年78歲。他給自己取的假名為羅伊・方亭。他還有個身為犯罪者的別名「怪物管家」。一九七〇年代，他曾潛入有錢人家擔任管家並謀殺高達5人。一九七八年被判處無期徒刑，後來直到病逝為止，在監獄裡生活了四分之一個世紀。

一九四〇年，16歲的他與自己工作的商店女主人談戀愛。透過和名聲響亮的女友交往，培養出高尚的品味。他一面持續這種關係，一面偷拿店裡賺的錢。可見從年輕起，就以與對方建立親密關係來竊取錢財物。

他看起來就像舉止高雅的紳士，而且總有女性共犯。但他也會和有錢有名的男士發展關係，並曾與年輕男人交往。可說來者不拒，能同時與任何人在一起。不過他在自傳中坦承，他真正愛的其實是男人。

他不斷因不動產詐騙、珠寶店搶劫、入室盜竊等被捕，又一再逃脫。即使找到正式工作，也是為了鎖定盜竊目標。說得極端一點，羅伊・方亭就是一個雙性戀的職業小偷。

他選擇掩人耳目的假職業就是管家。一九五〇年代以後，他開始不時於富裕家庭中擔任管家。他完全沒有當家僕的經驗，只是曾在獄中讀書學習過。徵人啟示都是在《尚流（Tatler）》、《鄉村生活（Country Life）》和《女士（The Lady）》這類針對紳士淑女的高級雜誌上找到的。他在黑市偽造介紹信，剩下全靠話術蒙騙過關。書面介紹信稱為「Reference」，而透過電話向前雇主打聽資歷也同樣屬於一種介紹信。羅伊甚至會用不同聲調接聽電話，自己推薦自己。

當你想到二戰前的資深管家們都是

第一個受害者是大衛．萊特（David Wright）。他是名三流盜賊，與羅伊相差21歲，有證據顯示他聽從了羅伊的命令。

羅伊10歲左右時的樣子。他從小迷戀電影世界、憧憬上流社會，甚至被捕後也喜歡在獄中向媒體談論自己的職業生涯，渲染得絢麗多彩。

那麼苦心經營自己的職業生涯時，一定會感到困惑。這是時代潮流所逼，還是羅伊．方亭詐欺天賦所賜呢？

前往蘇格蘭遺棄屍體

一九七七年，羅伊結束3年刑期，被聘為蘇格蘭卡爾頓莊園（Carlton House）管家。不久後，他在監獄裡認識的年輕情人大衛．萊特來此做打雜僕人。羅伊本想先享受一段快樂生活，再慢慢對女主人的珠寶下手。沒想到大衛想盡快了結，威脅要揭露他的犯罪歷史，據說還在醉酒後開槍。羅伊再也無法忍受，便邀大衛去射獵並趁機射殺。這是羅伊首次謀殺。

最終一通匿名電話揭露了羅伊偷竊，於是他搬到倫敦，成為前國會議員斯科特．埃利奧特（Scott Elliot）的管家。第2名受害者就是斯科特的夫人。羅伊伙同朋友奇托（Kito）行竊時遭她盤查，便迫於形勢將她悶死。

羅伊叫來他的舊情婦瑪麗．克格爾（Mary Coggle），讓她偽裝成女主人，再下藥讓主人斯科特意識昏沉後將人帶走。他與奇托、瑪麗一同坐上高級轎車前往蘇格蘭。長途跋涉後，他遺棄女主人屍體並將主人打死後掩埋。

之後，瑪麗拒絕放棄用來偽裝而穿的貂皮大衣，羅伊因此殺死成為絆腳石的她。最後的受害者是羅伊弟弟唐納德．霍爾（Donald Hall）。羅伊本來就討厭他，後來就因他不斷干預搶劫計畫而殺了他。隨著殺人次數增加，羅伊的處理過程愈發複雜，動機卻愈加薄弱，難怪最後無法逃脫懲罰。

羅伊喜歡接觸美麗的珠寶及古董，穿著高雅的服飾與上流社會交流。他聲稱自己甚至假扮過某位雇主，巧妙地出席了女王的花園派對。

他表面上是管家，但內心恐怕從來不當自己是管家。然而，還是有許多人被他高雅的言行所騙。戴上傳統面具，他就能正式演出。從某種意義上來說，他也許可說非常像一名管家。

第8章

管家與主人

19歲的喬治・斯林斯比。他在維爾貝克修道院擔任男僕時一身制服的模樣。

波特蘭公爵夫人威妮弗雷德(Winifred,1863〜1954 年),以美貌和高䠷身材聞名,據弗雷德里克・戈斯特證實,她的身高竟有6英尺2英寸(188公分)。此為約翰・辛格・薩金特(John Singer Sargent)1902年所繪的肖像畫。

對美麗貴婦的崇拜

「『你是我的新男僕嗎?』她問。『我聽霍華德爵士說他雇用了你。很高興見到你。』我聽到她低沉如歌唱般的聲音,心想她真是優雅。而且,她比我想像的年輕得多。我以前從未見過如此美麗的人。

『是的,夫人。我名叫戈斯特,歡迎回家。』」

在一位美麗女主人身旁服侍她,對男人來說是最開心的一件事。除了美麗之外,最好還要有地位和財富,行為舉止高尚文雅的話,更是沒話說。20世紀初,弗雷德里克・戈斯特以旅行貼身男僕的身分服侍的霍華德夫人,就是這樣一位貴婦。弗雷德里克晚餐過後,還會開心地坐在會客室外的大廳椅子上待機工作。因為他可以成為「一名看不見的聽眾」,欣賞她演奏的小提琴。

還有另一名年輕男僕醉心於夫人。喬治・斯林斯比嚮往的人，是波特蘭公爵夫人威妮弗雷德。她身材苗條又高䠷、風姿綽約，是一位社交界的女英雄。

當時喬治是維爾貝克修道院宅邸的第三男僕。這棟宅邸有一個慣例，會在除夕夜舉辦盛大的化裝舞會。隨著這天愈來愈近，樓下的工作人員熱烈地討論公爵夫人將如何裝扮。偶爾會有傳言指出「彷彿會是童話裡的王子」，其實這是女主人自己散布出來的假消息，因為祕密始終會被嚴守著。

某次準備聖誕節的時候，男人們聚在一起聊著想要交往的女人類型。喬治的理想型當然就是公爵夫人。「她不但長得美麗又可愛，個性也很好」——他對她讚不絕口，最後甚至說：「如果我能和她跳舞的話，我願意給她半週的薪水。」

同事們因他隨口的一句話而群起鼓譟，甚至演變成一場賭局，賭說：「如果他喬裝打扮潛入樓上的舞會，成功邀請公爵夫人跳舞的話，大家就分別給他1枚半金鎊。」儘管喬治認為自己不可能成功，但他還是在大家的慫恿下硬著頭皮去做，和朋友一起到鎮上一家服飾店買了小丑服裝。他心臟撲通撲通地跳著，換上滑稽衣服、戴上面具後溜進會場。當時，夫人則是打扮成17世紀的女演員、查理二世的情婦奈爾・圭恩（Nell Gwyn）。

與公爵夫人共舞

「『夫人，我可以邀您共舞嗎？』

公爵夫人微笑著，領著他走上舞池。儘管他們混在其他舞者的人群中，但是兩人的舞步卻非常協調。喬治擔心可能會事跡敗露的恐懼，在共舞的喜悅籠罩下煙消雲散。一直沒有人注意到，在他們當中，居然有一個狂妄的男僕正在將公爵夫人轉來轉去。（中略）

『年輕人，你的舞跳得真好！』

喬治道謝後，在嘴裡嘟囔著：『因為舞伴太厲害，我也不能跳得太差。』結果她用悅耳的聲音說：

『很高興你這麼說。如果我不知道你是我的第三男僕，我一定會以為你是一名職業舞者。』」

原來夫人已經注意到了。喬治感到羞愧，很希望地板裂開把他整個人吞進去。不過夫人隨即噗哧一笑說：「別這麼沮喪。今天是平安夜，我不會解雇你的。」

如果被人這樣對待，肯定會愈來愈迷戀對方吧。就像是中世紀騎士精神的愛情重現，為主君的妻子全身奉獻一樣。

微妙的主從關係

只要有親切、高潔又美麗的夫人，僕人也會過得很幸福，但是事情當然不會如此。從一八六〇年代到一九二〇年代，艾瑞克・霍恩曾經在各種規模的家庭裡工作過。根據他的經驗，

面試男僕完全就像在鑑識一匹馬一樣，會檢查身高是否與目前的工作人員相符。刊載於《潘趣》。

雖然還是有「會將僕人當作人對待」的工作場所，但是整體來說仍少之又少。這種好家庭，前任僕人永遠不會辭職，而且就算有人離職，也會在親朋好友口耳相傳下馬上有人填補空缺，因此想要進入是極其困難的事。

「僕人被當作雇主的財產。他們可以隨心所欲地操控或破壞。而這一切都要歸功於『介紹信』。雖然他們名義上是僕人，但在其他方面卻等同奴隸。」

艾瑞克所說的「歸功於介紹信」，指的就是當雇主在介紹信中寫下一些不良特質，例如會盜竊或撒謊，甚至是「無能」的話，可能就會剝奪僕人未來的發展。無論過去的職業生涯多麼輝煌，要是被當今的雇主評價為小偷，將無法再找到好工作。

出生於一八五四年的威廉・蘭斯利，僕人資歷相當豐富，當他回想起一八八〇至一八九〇年代開始學習當總管的期間，他提到：「女士們總是在挑剔僕人的缺點。」她向前來喝「5點鐘茶」的朋友們大發牢騷。然而，當這樣的抱怨傳到僕人耳中的時候，主人們也會陷入窘境。

「為了報復，這個家會被完全列入黑名單，而且還會傳出警告說『即使有徵人消息，也絕對不可以去那裡工作』。經常有人說，這世上好的僕人實在太少了。不過，我個人卻完全不這麼認為。

如果一個家庭在僕人之間口碑很好的話，當職位空出來的時候，根本不必擔心沒人來應徵。好幾次已經決定錄用人選之後，還是有求職者不斷湧入。即使試著跟他們介紹其他人手不足的家庭，他們卻都加以回絕說：『謝謝，不過我不想去那裡應徵。』其實無需過問原因，同樣身為僕人也十分清楚他們的想法。那些家庭可能有某些問題，或是不當的揹黑鍋事件。所以站在僕人的立場，那些家庭就會被列入黑名單。」

約1908～1909年薩金特所繪製的南希・阿斯特夫人（1879～1964年）的畫作。1919年，她的丈夫華爾道夫・阿斯特繼承父親爵位後，她便成為了子爵夫人。

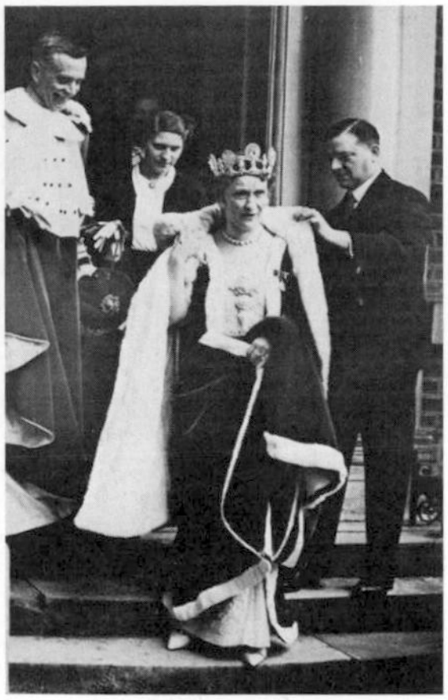

阿斯特子爵夫人出席喬治六世的加冕典禮（1937 年）。阿斯特子爵的隨侍阿瑟・布謝爾正在調整夫人用白色貂皮（ermine ）作邊飾的儀式長袍領子。侍女羅西娜此時正在樓上保管珠寶。

與強勢夫人較勁

薪資高、吃好穿好住好、工作時間明確等工作條件，都可以化為數值與其他家庭進行比較。但是從雇主及同事的個性這方面來看，「是否為列入黑名單的家庭」，可能只有待在裡面的人才得以判斷。無論是嘮叨的夫人，還是有暴力傾向的主人，如果在你心中有一套價值觀，覺得這些都無所謂的話，就不會造成致命性的問題。

埃德溫・李所服侍的阿斯特子爵夫人南希，自我意識十分強烈，甚至是第一個成為女性國會議員的傑出人物。她在李剛成為管家時，完全是一副「對他無故生厭」的態度，會批評並干涉他所有工作。

「我有一種預感，當情況嚴重到會干擾我的下屬工作時，恐怕連我的耐心也維持不了多久。有一天晚上，她把我叫到會客室，當著家人的面斥責我。後來我再也受不了了。

『夫人，很抱歉，看來我似乎不能讓您滿意。我必須休息一段時間。』

『李，你是在提辭職嗎？』她的眼睛閃過一絲暗光。

『是的夫人，請您讓我離職。』

我轉身離開之後，她馬上跑了過來。

『既然如此，李，請你告訴我你要去哪裡。因為我也要跟你一起去！』

對於說這種話的人，到底該拿她如何是好！我們都忍不住笑了。後來有一段時間，她對待人的態度變得柔和一些了。」

也許這位有個性的女主人，是用幽默的方式來表達她真的很依賴李的心情。年輕的男僕們，對於高高在上的女士本來就會單方面崇拜，但是一旦晉升到最高等級的管家，他們的距離感又會發生變化。雖然不能說是平等，但也算是可以溝通了。

管家目睹一位紳士的悲劇

埃里克・霍恩有一次差點從雇主那裡得到500英鎊的大筆金錢。這是一個關於酒精和身分地位差異的婚姻所造成的悲傷故事。這件事發生在他為一位與愛德華七世有關係、年輕又富有的紳士擔任管家兼隨侍的時候。

「我剛開始工作，馬上就察覺到這個家庭的問題。因為主人娶了一個商人女兒，她的地位比主人低下許多。很多來自好家庭的年輕人，和女演員、合音女歌手這類女性結婚後，都會毀掉自己的人生。他也是其中一人。」

這位夫人的面容如洋娃娃般可愛，但是脾氣極差。他們的婚姻很快就出問題，主人也開始沉溺於酒精。當埃里克拿酒給主人喝時，就會遭夫人責罵，所以埃里克便將酒窖的鑰匙交給了她。主人把酒喝光之後，發現拿不到鑰匙，就拿起斧頭把門砸壞了。

無論埃里克如何努力讓主人遠離酒精，主人仍是只要出門就會去喝酒。他經常用二輪馬車，從紳士俱樂部載著醉酒後不省人事的主人回家。隔天早上，他會準備一碗味道濃烈刺激胃

羅西・布特（Rosie Boot，1878～1958年）是愛爾蘭出生的女演員，後來成為海德福特（Headfort）公爵夫人。她所屬的歡樂劇院中的女演員，被稱作「歡樂女孩」，從19世紀末到愛德華七世時期，她們當中的許多人都找到了貴族丈夫。1901年。

部的熱湯，只是主人幾乎不會喝，他想喝的只有威士忌兌蘇打水。如果埃里克溫柔地安撫他，他會暫時聽話，但是到了晚上他又會故態復萌。

管家的辛苦鮮少會得到回報。不過這位主人沒喝醉時，其實是非常端莊的紳士。

「有一天，他問我是否打算在紳士家裡當一輩子僕人。我回答他說，等我存夠錢，我就會辭職去做點小生意。

『想要開始做這種小生意需要多少錢？』他問說。

『我認為只要有500英鎊，就能開始做生意了。』我回答。

『原來如此。』他低聲道：『你是唯一關心我的人了。如果你願意永遠陪著我，我願意支付這筆錢。』

這位內心脆弱的紳士，可能覺得願意從頭到腳照顧自己所有事情的管家兼隨侍，比起與自己關係不好的妻子更加愛他。最後他甚至因為酒精引發了馬車翻覆事故，而妻子已經忍無可忍了。她把他關在房間裡並上了鎖。主人一直喊著管家的名字，但是夫人卻不讓管家開門。幾天後，他的屍體被人發現。當然管家並沒有收到承諾的500英鎊，因為主人並沒有白紙黑字寫下來，後來艾瑞克只拿到薪資就被人解雇了。最終，不管是哪一個家庭的悲劇，對於管家來說，都只是工作場所中發生的一起事件罷了。

安格爾西侯爵（Marquess of Anglesey）的兒子維克多・佩吉特（Victor Paget），與歡樂女孩之一的奧利弗・梅（Olive May）。雖然在1913年結婚，卻在1921年離婚。但是她隔年就和另一位伯爵再婚了。

極端情況下的奉獻精神

有些管家專注於工作，有些管家則是超越工作全身奉獻。僕人們都明白自己的身分，不管發生什麼事都不會先考慮到自己，而是優先考量雇主一家，並認為這是理所當然的事。

當喬治・斯林斯比以隨侍身分為加拿大富豪弗雷德里克・奧爾・路易斯爵士（Sir Frederick Or-Lewis）服務時，因為主人工作的關係多次往返於大西洋兩岸。後來在一九一五年五月，喬治

26歲時，他展開了一次命運的航程，搭上豪華遊輪盧西塔尼亞號。後來從紐約返回途中，這艘船遭到德國潛艇襲擊而面臨沉沒的命運。這件事在日本鮮為人知，卻造成1千多人死亡，是一場逼近鐵達尼號的慘案。

當時喬治與主人、主人的朋友艾倫（Allen）夫人及其2名年輕的女兒，還有艾倫夫人的侍女同行。魚雷劇烈碰撞，造成嚴重衝擊。在混亂當中，喬治拿到了3個救生圈，急忙去尋找女士們。

1915年，盧西塔尼亞號沉沒一事刊登在報紙上。諸如這艘普通客船是否祕密載運武器，以及是否沒有吸取鐵達尼號沉沒（1912年）的教訓等等，諸多謎團至今仍在調查當中。

「『別哭媽媽，已經沒事了。因為喬治來了。他一定知道怎麼做才好。』

喬治心中充滿無法用言語表達的感受。過去鄙視僕人人生的人，可能也永遠無法理解。從這些少女的言語當中，他感受到了自豪與滿足。即使在如此可怕的場面下，他的力量仍然被人需求且信賴。還有其他職業，能得到如此感動嗎？」

彷彿要回應她們的信賴，喬治將所有救生圈讓給了女士們，並將她們送上船離開。而不會游泳的他，則被鍋爐爆炸波及而彈飛到海中。他抓住船隻殘骸，好不容易才獲救。不幸的是，他冒著生命危險保護的女孩們都死了，不過都與主人奧爾・路易斯先生重逢了。事故經報紙報導之後，喬治・斯林斯比成了當地的英雄。

之後，他的女兒尼娜・斯林斯比・史密斯（Nina Slingsby Smith），為父親撰寫了傳記，代他將身為管家的自豪完全表達出來。雖然他的確十分偉大，不過情況過於特殊，實在難以想像大部分的家僕這輩子會做到如此公而忘私的地步。對這些積極展現出為雇主捨身奉獻、上下同心精神的人而言，被人需要和信賴，就是他們的報酬。

僕人是家中一員嗎？

從定義上來說，家僕並不包含在家族成員當中。無論這個家庭多依賴管家、重視女僕，上教堂時還是會坐在不同座位上，平時也不會同桌用餐。19世紀快要結束時，「僕人荒」成為一個社會問題，家僕的待遇也比從前改善了。即便如此，當時超出常識界線、過於善良的雇主，還是會遭到評論雜誌及報紙的批評。

19世紀末，有傳言指出在亞伯丁（Aberdeen）伯爵夫人的家中，主僕每週都會共進晚餐一次。這件事成為一樁醜聞，甚至引起維多利亞女王注意，她派羅斯伯里（Rosebery）爵士前去調查。伯爵夫人辯解說：「我們家庭結構

老管家不欣賞現代年輕女士巴斯爾裙襯（bustle）的時尚品味。取自《潘趣》1874年10月17日。

親密的男僕建議，如果牙痛的話，轉角處就有一位不錯的牙醫。「他有很厲害的鉗子。」（「他有很厲害的本事」的口誤）取自《潘趣》1892年3月19日。

一直都有遵循嚴格且正統的規定。」因為當時伯爵和伯爵夫人在大肆推廣，為了僕人的福利和教育而創立的慈善團體及親善俱樂部。但是無論多麼親密，還是必須遵守主僕之間的界線。

一九二〇年代，一直待在阿斯特子爵家族當下級管家的查爾斯・迪恩決定辭去工作，換到有親戚關係的愛麗絲・阿斯特家工作。子爵夫人找他面談並追問他。

「『查爾斯，你為什麼要離開我？』

又是一個危險的問題。因為她巧妙地把這個問題變成了個人問題。一般都會希望僕人不會在意金錢，所以我避開了這個部分。

『因為我想要飛黃騰達，而且我很渴望去旅行。』

『如果想去旅行的話，我能解決。你喜歡看的電影膠卷，我全都能借給你。你只要在工作室裡播放，就能輕鬆愉快地暢遊全世界。』

聽到她這麼說，我實在無言以對，我只是一臉呆滯並面帶微笑地站著。

『查爾斯，我會捨不得你。』

這句話，才是我想要聽到的話。

『夫人，今後我還是家族的一員。』

聞言，她考慮了一會兒才說：

『你說的對，我必須對此感到滿足了。你待在這裡幾年了？』

我回答，4年了。」

表面上十分親密，就像家人一樣。但是言談中還是可以窺見完全無法相容、不能相互理解的界限真實存在。

代替新娘的父親

儘管始終嚴守不可逾越的分際，還是可以在其他家庭中看到建立起擬似家族感情的例子。這種關係的形式無奇不有。

誠如前一章提及，19世紀初期在候克漢廳裡，主人托馬斯・科克先生和他忠實能幹的「代理人」法蘭西斯・布萊基通力合作管理領地。主人的第一任妻子於18世紀末去世後，小女兒伊莉莎白承接了女主人一職。由她任免男女僕人，還親自為僕人寫介紹信，精力充沛地操持家務。她風紀嚴明，統一管理女僕們的服裝，據說還禁止她們使用捲髮紙及其他時尚配件。

雖然管理制度如此嚴格，女兒兼女主人伊莉莎白還是深受僕人們的喜愛。主人科克先生則是一直用慈父般的溫情，對待工作人員及租戶。看來對於這些恩情的感謝，都回報到了領主女兒的身上。

一八二二年，科克先生再婚，伊莉莎白也嫁人了。據說布萊基還親自檢視伊莉莎白未來的丈夫是否是適合她的人，以及對方的交友關係如何？有沒有欠債？生活上是否偏好奢華？「是不是一個適合託付伊莉莎白小姐終身幸福的人選」？

幸好準新郎通過了布萊基所有項目的查核，他還送給伊莉莎白小姐一條項鍊作為結婚禮物。這條高級的黃寶石項鍊墜子上鑲有鑽石，繫著3碼半（＊3・2公尺）的金鍊條。

另外還有一些管家，曾經被即將結

候克漢廳的主人托馬斯・科克（1754～1842年）。他在維多利亞女王登基的那年，也就是1837年被封為伯爵。根茲巴羅（Gainsborough）所繪製托馬斯年輕時的肖像。

婚或再婚的女士詢問過他們對另一半的看法。不管哪位紳士淑女，都無法對照顧自己所有日常生活的僕人掩飾。而出入社交圈的人士，他們的評價肯定能透過僕人之間得知。

專業精神完全失控

雖然只需做到祝福小姐幸福即可，但是也有一些僕人會出現過度的保護慾。他們太重視主人的物品，所以會在需要的時候拒絕拿出來。威廉・蘭斯利（William Lansley）便曾在19世紀末，遇到過這樣的下級管家。

在英國駐美國大使館享用晚餐，拋光的銀器閃閃發光。傳統英國僕人的服務在國外更是受到珍視。1960年代。

「下級管家是個怪人，他在這個家服務很多年了，甚至以為銀器是自己的東西，覺得理應按照他的想法來擺設。在家庭聚會期間，他每天晚上都會對桌子擺飾提出不同的想法。如果夫人指示他對已經布置好的桌子做一些更動，他就會非常焦慮，而且當天晚上會鬧脾氣並大吼大叫。不過，除了這個壞習慣之外，這位下級管家還是能將工作做得面面俱到——坦白說，他已經將所有的靈魂都奉獻給工作了。」

女管家則是高級亞麻織品及陶瓷器的守護者，在她們當中也能見到類似的行為模式。此外，園丁們則不喜歡自己親自栽培的蔬菜還沒長成就被廚房搶走，還會哀嘆著：「這是在謀殺農作物。」

這裡提到的所有人，全都是認真看待自己工作的人。然而，當他們太專注於眼前的工作，便會忘記做僕人的初衷就是要為某人提供服務。

領受主人的姓名和身分

誠如第七章所言，貪汙和侵占公款的例子頻繁發生，僕人甚至會將主人的東西據為己有。如果將這個行為視為「對主人家有歸屬感」的延伸，或許就會覺得是自由使用「自己家中」的食物及衣物。然而，無論有意或無意，這都是打破主僕的界限，將主人家與自己融為一體了。

在需要留宿的家庭派對上，客人會帶自己的貼身僕人前來。這些貼身僕人會在拜訪對象的僕人大廳裡受到款待，不過有時候他們不會用自己的名字，而是用主人的姓來稱呼。有一次候克漢廳主人的孫女聽到一名男性僕人向另一個男人說：「嘿，史塔納普（Stanap）。你擦過羅斯伯里的靴子了

店員問：「您是貝斯沃特（Bayswater）公爵嗎？」莊嚴的男僕說：「是我！」依仗主人的名聲。取自《潘趣》1883年8月18日。

嗎？」她覺得很有趣。這都是著名伯爵的名字，所以聽起來就像一群貴族好朋友自己在擦鞋。

僕人會承繼他們所服務的家族地位相互排名，貴族家的僕人顯然比普通地主的地位更高。這就是為什麼他們會積極提升自己作為僕人的階級，竭力提升他們所工作的家族等級。

查爾斯·迪恩目睹了他在一九二〇年代至一九三〇年代服侍的女主人，也就是愛麗絲·阿斯塔多次離婚又結婚。儘管他直接服侍的對象是男主人，但是離婚之後他仍然繼續留在夫人身邊。

她的第一任丈夫是俄羅斯貴族，因俄羅斯革命而失去自己的財產。第二任丈夫是奧地利作家的兒子。後來當迪恩得知，預定成為她第三任丈夫的人物身分時，他終於下定決心離開這個家。因為他實在無法忍受，一個曾為「共產主義報紙編輯委員」的男人當他的主人。就算他可以容許外遇或離婚，卻無法接受將私有財產視為壞事、企圖消滅階級差異的共產主義，因為對方與迪恩秉持的價值觀完全相反。尤其是上級僕人，在某些情況下往往比貴族還要保守，會試圖挺身而出守護階級社會。

一群歷史的目擊者

僕人的工作在辛勤工作的男性眼中，未必會得到高度評價。有些人認為，這種工作缺乏男子氣概。處處可見有人回想起小時候表明志在成為管家時，一定會聽到來自周遭的反對意見，例如「那是對別人點頭哈腰的工作」、「這不是一份真正的工作」。

不過，如果出人頭地成為高級貴族家庭的上級僕人，有時也可能被視為地方上的傑出人物。因為主人的權勢會像衣服一樣套在身上，並且有權力動用主人的財產。

除了優渥高薪、良好優待、來自主人的感激以及當地商人的尊重之外，說到讓管家們感到興奮的另一件事，恐怕就是遇見皇室成員。

喬治・斯林斯比的其中一個願望就是「為愛德華七世服務」，而他年紀輕輕便實現了這個目標。當上皇室男僕

女主人說：「但是賓斯（Bings），你想辭職的理由是什麼？」管家說：「因為主人的關係。昨天他跟我說話時的口氣，就好像他是這座城堡的主人一樣。」上下關係有問題。《潘趣》1921年5月11日。

約翰・湯瑪斯（John Thomas）說：「在法國甚至會給獵場看守人和其他人渣投票權。這與我們格格不入！」《潘趣》1884年3月15日。

的弗雷德里克・戈斯特，以及成為皇室總管的歐內斯特・金，都為自己能與國王、女王、王子、公主相遇而感到自豪。在他們的傳記中，與皇室接觸的事跡通常都會被當作人生中的亮點，自豪地記錄下來。包含想成為皇室管家（可惜身高不夠）、尖酸刻薄的埃里克・霍恩，也懷念地回想起他與喬治五世的相遇。

與文藝工作者及知名人士的邂逅，也會烙印在他們的記憶當中。作曲家科爾・波特（Cole Porter）是當時的名人，曾獲邀到許多上流家庭，因此經常出現在記載當中。歐內斯特・金寫道，當科爾・波特彈奏鋼琴，創作出名曲《Begin the Begin》的瞬間，他人就在現場。

二戰期間，喬治・華盛頓一直在牛津郡一棟名為迪奇利公園的宅邸裡工作。自一九四〇年晚秋開始，這個家從單純的私人住宅變成了左右戰局的重要場所，因為溫斯頓・邱吉爾（Winston Churchill）選中這裡當作躲避空

1941年8月29日，在蘇聯駐倫敦大使館舉行的午宴。聯合國方面的政府代表齊聚一堂。桌子右排中央是時任英國首相的邱吉爾。在這場歷史性的宴會上負責服務的僕人，他們心中在想些什麼呢？

在英國駐美國華盛頓大使館工作的管家查爾斯・迪恩，自豪地背對著女王陛下的肖像畫。

上流社會的黃昏。附近同為地主的人賣掉土地後移居國外。領主（右）說：「這個地區的人口只剩下我母親和我了。」不過這裡提到的「人口」，並不包含推老婦人輪椅的男僕、狗及孔雀。取自《潘趣》1913年5月28日。

拿著標誌性雪茄的溫斯頓・邱吉爾（1874年～1965年）。

襲、度過週末的家。為了首相的人身安全，所有員工都要宣誓保守機密。他們團結一心面對工作，當然也沒有向家人朋友洩露祕密。喬治・華盛頓在邱吉爾逗留期間，便奉命擔任他的隨侍。在他眼中，首相並不像人們想像中的是個會豪飲的人，就連雪茄也是當作自己的象徵拿在手中，而不是為了吸食。每個星期六的晚上，他們很喜歡在大廳裡私下放映電影。而喬治・華盛頓和邱吉爾同席欣賞過的電影，就是《亂世佳人》。

將主人與自己成為一體，讓自己融入主人的崇高地位中，才能列席平常人無法接近的歷史場景。在知名人士身邊服侍，才能瞭解他們令人意外的真實面孔。這些事情，正是當一名家僕的工作樂趣。

年輕時的彼得・懷特利參加一齣戲劇的演出。當初飾演灰姑娘姊姊，後來便以女扮男裝的演員身分在當地變得小有名氣。

當演員的管家

一位老寡婦，與在她身邊服務的男僕分享她的記憶。一位即將離婚的貴族，向他的管家吐露了他無法與家人坦誠的煩惱。然而，貴族並不會要求他們為煩惱提出解答。主人或夫人們只是希望他們站在那裡，一副老老實實的模樣傾聽即可。

主人希望有人在，但是並不會特別想要理性地深入對話。只是希望僕人好好地假裝站在那裡，讓主人感到安心。對於男性僕人來說，就是被人賦予了這種裝飾品的作用。

彼得・懷特利生於一九三〇年，當他開始在僕人世界裡工作時，第二次世界大戰已經結束了。在伊莉莎白二世加冕前後（一九五三年），他下定決心要成為皇室僕人。因為「皇室男僕的制服讓我想起了《灰姑娘》中的舞會場景」。過去他曾是業餘劇團的演員，還演出過《灰姑娘》一劇。

後來他去應徵皇室男僕，卻沒有錄取。他內心沮喪地回家時，便決定「再也不要相信兒童劇的故事內容了」。不過他還是繼續做著家僕的工作，並成為阿斯特子爵兒子，麥可・阿斯特（Michael Aster）家中的男僕。最後他穿上了像童話故事裡一樣的服裝。

彼得曾是演員，在戰後時代立志成為一名家僕，他肯定從一開始就自覺到，當僕人就是在扮演一個裝飾品。換句話說，他已經踏上一個在現代重現往日美好時光的虛構「舞台」。

管家們在許多回憶錄中談到他們與主人、夫人及小姐之間的關係，雖然都是事實，卻充滿令人驚訝的劇情，甚至看起來像是小說、戲劇或電影裡的世界。阿斯特夫人和她歷代管家之間的對話，就像奧斯卡・王爾德（Oscar Wilde）的喜劇一樣總是妙語如珠。男僕們仰慕貴婦的心情，完全就如言情小說裡的情節。艾瑞克・霍恩沉溺於酒精的主人，他的悲劇看起來便如同伊芙琳・沃（Evelyn Waugh）的《慾望莊園（Brideshead Revisited: The Sacred & Profane Memories of Captain Charles Ryder）》。而喬治・斯林斯比口中盧西塔尼亞號的冒險故事，如同在《鐵達尼號》電影中看到的一樣。也許可說事實遠比小說更加離奇。

在回顧自己的工作人生時，確實會同時帶著一種功成名就的滿足感。因此也許會想像故事一樣，用浪漫的戲劇效果裝點一番。這種時候，說不定會忘記睡在折疊床上受到太多寒風刺骨的感覺，以及躲在洗滌處時，鮮少碰面的最下級女僕們不滿的表情。而管家們的臉，總是面向著他們衷心欽佩的主人及夫人。

不管是哪一篇故事，都是後來附加上去的想像，真相並不得而知，留下的只有他們眼中反映出來的事實。

將站在馬車後方的男僕描繪成孔雀的諷刺畫。除了裝飾之外，不太可能有其他用處。《潘趣》1860年8月4日。

管家又一次的幻想

埃里克・霍恩在一九二三年出版的自傳中這樣說道。

「管家這種人愈來愈少了。事實上，他們很快就會像渡渡鳥一樣滅絕。這樣一來，考古學家或其他任何人最好捕獲樣本加以剝製，並展示在大英博物館中。分類標籤要寫上：『這是英國管家的典範，保證不會頂嘴。』」

不過出乎他意料的是，管家這種人一直倖存到21世紀的現代，成為高級

面試場景。「我想先問你一件事，你是被人雇來當裝飾品，還是想要一份工作。」19世紀中葉，男性僕人就已經被人這樣看待了。取自《潘趣》1854年2月4日。

飯店裡的一種禮賓專員，為客人提供周到的服務，或是成為好萊塢明星及中東、中國等地億萬富翁的家庭總管。二〇〇五年二月的BBC報導，以及二〇〇八年三月的《紐約時報》中，曾經介紹過以英國式為賣點的管家服務愈來愈受歡迎（還有在這種與管家有關的媒體文章中，大部分由佩勒姆・G・伍德豪斯〔Pelham Grenville Wodehouse〕創作的經典幽默小說《Jeeves》系列都會用作引子）。然而，現在他們的原國籍不再局限於英國。此外，也不再像從前那樣是一個僅由男性獨占的職業。

長年在皇室或私人住宅擔任管家的人設立了多所管家學校，諸如艾弗・斯賓塞管家學校、國際管家學院等等。在這些學校的官方網站上，都會出現穿著黑色衣服和白色手套的專業管家形象，宛如電影中的場景一樣。但是當提供禮賓服務成為唯一目的的時候，相信一身晨禮服的話，工作會很沒有效率。在那些渴望接受管家服務的人當中，應該會希望他們扮演傳統英國管家的角色，並按照他們在小說世界裡熟悉的形象行事。

從過去管家們的經歷到虛構的世界，再從虛構的世界到現代管家的形象。管家的印象不斷循環，並且持續活在當下。

引用自歌吟「失去管家的哀嘆」的諷刺詩。「喔！我的管家，請你回來吧，我一個人感到既迷惘又失落。如果沒有他的生活是自由，我可以不要自由。那優雅端莊的身影 ——」、「端莊的燕尾服啊，讓我家更有『格調』。少了他，我的靈魂就會放蕩弛縱，喔！我的管家請回來吧！」人們認為雇用管家就會讓生活變得更好。取自《潘趣》1892年8月20日。

作者	書名	出版社	出版年
Nicholson, Shirley	A Victorian Household	Sutton Publishing	1998
Nicol, A. M.	The MONSTER BUTLER	Black & White Publishing	2011
Streatfield, Noel	The Day Before Yesterday	Collins	1956
Olian, JoAnne	Elegant French Fashions of the Late Nineteenth Century	Dover Publications, Inc.	1997
Pepper, Terence	HIGH SOCIETY : PHOTOGRAPHS 1897-1914	National Portrait Gallery	1998
Powell, Margaret	Below Stairs	Peter Davies	1968
邦訳：マーガレット・パウエル　村上リコ訳	英国メイド　マーガレットの回想	河出書房新社	2011
Sambrook, Pamela A.	The Country House Servant	Sutton Publishing	1999
Sambrook, Pamela	Keeping Their Place	Sutton Publishing	2005
Seymour, John	Forgotten Household Crafts	Doring Kindersley	1987
邦訳：ジョン・セイモア　小泉 和子監訳　生活史研究所訳	図説 イギリス手づくりの生活誌	東洋書林	2002
Sims, George R.	Edwardian London: Vol 1～4	The Village Press	1990
Slingsby Smith, Nina	George　Memoirs of a Gentleman's Gentleman	Johnathan Cape	1984
Stationary Office, The	Whataker's Almanack 1900: Facsimile Edition	The Stationary Office	1999
Thomas, Albert	Wait & See	Michael Joseph Ltd	1944
Thompson, F. M. L.	English Landed Society in the Nineteen Century	Routledge & Kegan Paul	1963
Turner, E. S.	What The Butler Saw	Penguin Books	2001
Warwick, Sarah	UPSTAIRS & DOWNSTAIRS	Carlton Books	2011
Waterfield, Giles and French, Ann and Craske, Matthew	Below Stairs: 400 years of servants' portraits	National Portrait Gallery	2003
Wilson, C. Anne	Food for the Community	Edinburgh University Press	1993
R・D・オールティック　村田靖子訳	ヴィクトリア朝の緋色の研究	国書刊行会	1988
小池滋　編	ヴィクトリアン・パンチ	柏書房	1995-1996
小林章夫　編集・解説	ブリティッシュ・サーヴァント	ユーリカ・プレス	2006
高橋裕子・高橋達史	ヴィクトリア朝万華鏡	新潮社	1993
長島伸一	世紀末までの大英帝国	法政大学出版局	1987
ロバート・W・マーカムソン　川島昭夫・沢辺浩一・中房敏朗・松井良明訳	英国社会の民衆娯楽	平凡社	1993
松村昌家	『パンチ』素描集　19世紀のロンドン	岩波書店	1994
松村昌家　監修	The Graphic：An Illustrated Weekly Newspaper	本の友社	999-2006
水谷三公	王室・貴族・大衆	中央公論社	1991
村岡健次	ヴィクトリア時代の政治と社会	ミネルヴァ書房	1980
村岡健次 川北稔編著	イギリス近代史［改訂版］	ミネルヴァ書房	2003
村上リコ	図説 英国メイドの日常	河出書房新社	2011
森護	英国の貴族　遅れてきた公爵	大修館書店	1987

後記

繼《女僕的祕密生活》後，我又創作出這系列的第2本。因為是第2本書了，我已經知道如何創作，感覺稍微輕鬆一些，再加上插圖比前一本少，我還以為頁數應該會減少——沒想到好運用盡。當我打開書後，不論是創作時間或頁數都暴增了，完全沒有按計畫進行。

並非將女性換成男性就行了，管家並不是女僕的男性版本。我讀的各種資料愈多，100年前英國社會中的男女差異、不對等的現象似乎愈發明顯。雖然「管家」是這本書的主角，但是希望大家也能夠關注到這個部分。

時代在變，無論是男女關係、階級社會、雇用與被雇用的關係也都在不斷改變。出現在現代的英國管家形象，應該是將往日美好社會用浪漫方式淨化後，呈現在我們眼前。我認為單純將這些形象的美好表面當作故事來消遣，並沒有什麼不好。然而，我們確實必須留意一些事情，以免在無意中重蹈覆轍。

祈禱每一個人，無論是管家、女僕、男男女女，都能生活在更美好的世界當中。

二〇一二年五月　村上理子

參考文獻

作者	書名	出版社	出版年
A & C Black Publishers Limited	Titles and Forms of Adress Twenty-first edition	A & C Black	2002
A Member of the Aristocracy	MANNERS AND RULES OF GOOD SOCIETY Sixteenth Edition	Frederick Warne and Co,	1890
A Member of the Aristocracy	MANNERS AND TONE OF GOOD SOCIETY 2. ed,	Frederick Warne and Co,	1880
Adburgham, Alison	Yesterday's Shopping The Army & Navy Stores Catalogue 1907	David & Charles	1969
Adburgham, Alison	Victorian Shopping Harrod's 1895 Catalogue	St. Martins Press	1972
Asquith, Cynthia	REMEMBER AND BE GLAD	James Barrie	1952
Bapasola, Jeri	Household Matters: Domestic Service at Blenheim Palace	Blenheim Palace	2007
Barstow, Phyllida	THE ENGLISH COUNTRY HOUSE PARTY	Sutton Publishing	1989
Bath, The Marchioness of	Before the Sunset Fades	The Longleat Estate Company	1951
Beeton, Mrs and Humble, Nicola	Mrs Beeton's Book of Household Management	Oxford University Press	2000
Burnet, John	Useful Toil	Routledge	1994
Campbell, Lady Colin	Etiquette of Good Society	Cassell and Company Limited	1893
Cartwright-Hignett, Elizabeth	LILI AT AYNHOE	Barrie & Jenkins	1989
Cooper, Charles W.	TOWN AND COUNTY	Lovat Dickson	1937
Cunnington, Phillis	Costume of Household Servants From the Middle Ages to 1900	Barnes & Noble	1974
Davies, Jennifer	The Victorian Kitchen	BBC Books	1989
邦訳：ジェニファー・デイヴィーズ　白井義昭訳	英国ヴィクトリア朝のキッチン	彩流社	1998
Dawes, Frank	Not in Front of the Servants	Taplinger Publishing Company	1974
Debrett's Peerage Limited	Debrett's Correct Form	Headline Book Publishing	2002
Doré, Gustave	Doré's London	Dover Publications, Inc.	2004
Druesedow, Jean. L.	Men's Fashion Illustrations from the Turn of the Century	Dover Publications, Inc.	1990
Drury, Paul	Audley End	English Heritage	2010
Durant, David N.	Life in the Country House: a Historical Dictionary	John Murray	1996
Evans, Hilary and Mary	The Party That Lasted 100 Days	Macdonald and Jane's	1976
Evans, Siân	Life below Stairs	The National Trust	2011
Gardiner, Juliet	Manor House, Life in an Edwardian Country House	Bay Books	2003
Gerard, Jessica	Country House Life: Family and Servants, 1815-1914	Blackwell	1994
Girouard, Mark	Life in the English Coutry House	Yale University Press	1978
邦訳：マーク・ジルアード　森静子・ヒューズ訳	英国のカントリー・ハウス　上・下	住まいの図書館出版局	1989
Gorst, Frederick John and Andrews, Beth	of Carriages and Kings	Thomas Y. Crowell	1956
Holden, Paul	Lanhydrock	The National Trust	2007
Hall, Roy Archibald	A Perfect Gentleman	Blake Publishing Ltd	1999
Hardyment, Christina	Behind the Scenes	The National Trust	1997
Harrison, Rosina	ROSE: My Life in Service	The Viking Press	1975
Harrison, Rosina	GENTLEMEN'S GENTLEMEN	Arlington Books	1976
Hartcup, Adeline	Below Stairs in the Great Country Houses	Sidgwick and Jackson	1980
Horn, Pamela	LADIES of the MANOR	Alan Sutton Publishing	1991
Horn, Pamela	High Society	Alan Sutton Publishing	1992
Horn, Pamela	Life Below Stairs in the 20th Century	Sutton Publishing	2003
Horn, Pamela	The Rise and Fall of the Victorian Servant	Sutton Publishing	2004
邦訳：パメラ・ホーン　子安雅博訳	ヴィクトリアン・サーヴァント	英宝社	2005
Horn, Pamela	Life in the Victorian Country House	Shire Publications	2010
Horne, Eric	What The Butler Winked At	T. Werner Laurie, Ltd	1923
Hudson, Roger	THE JUBILEE YEARS 1887-1897	The Folio Society	1996
Huggett, Frank E.	Life Below Stairs	John Murray	1977
Inch, Arthur and Hirst, Arlene	DINNER IS SERVED	Running Press	2003
James, John	The Memoirs of a House Steward	Bury, Holt & Co, Ltd	1949
Jubb, Michael	Cocoa & Corsets	HMSO Publications	1984
King, Ernest	THE GREEN BAIZE DOOR	William Kimber	1963
Lambert, Anthony J.	Victorian and Edwardian Country-House Life: from old photographs	B. T. Batsford	1981
Leicester, The Earl of	Holkham	The Earl of Leicester, Coke Estates Ltd	2004
Lucas, Norman & Davies, Philip	The Monster Butler	Weidenfeld and Nicolson	1979
Malan, A. H.	More Famous Homes of Great Britain	G. P. Putnum's Sons	1899
Margetson, Stella	Victorian High Society	B. T. Batsford	1980
Martin, Brian P	Tales of the Old Gamekeepers	David & Charles	1989
Martins, Susanna Wade	COKE of NORFOLK 1754-1842	The Boydell Press	2009
Mitchell, Sally	Daily Life in Victorian England	The GreenwoodPress	1996
Mullins, Samuel and Griffiths Gareth	Cap and apron: an oral history of domestic dervice in the Shires, 1880-1950	Leicestershire Museums, Arts & Records Service	1986
Musson, Jeremy	Up and Down Stairs	John Murray	2009

◉作者簡介——

村上理子

作家、翻譯家。畢業於東京外語大學，出生於千葉縣。作品主要探討19世紀至20世紀初的英國日常生活，尤其是家僕、婦女和兒童的生活文化。另外還擔任《艾瑪》和《黑執事》等動畫及漫畫的顧問。

著作：《女僕的祕密生活》（PCuSER電腦人文化）；《図説英国貴族の令嬢》、《図説英国社交界ガイド》、《図説ヴィクトリア女王の生涯》（河出書房新社）。

翻譯：瑪格麗特・霍威爾著《英国メイドマーガレットの回想》、薇塔・薩克維爾－韋斯特著《エドワーディアンズ》（河出書房新社）；西安・埃文斯著《図説　メイドと執事の文化誌》（原書房）；A・M・妮可著《怪物執事》（太田出版）；特雷弗・約克著《図説　イングランドのお屋敷》和《図説　英国のインテリア史》（マール社）。

共著：《ヴィクトリア時代の衣装と暮らし》（新紀元社）。

個人網站：http://park2.wakwak.com/~rico/

管家日記——揭示英國上流貴族的黑色面紗

出　版／楓樹林出版事業有限公司
地　址／新北市板橋區信義路163巷3號10樓
郵政劃撥／19907596　楓書坊文化出版社
網　址／www.maplebook.com.tw
電　話／02-2957-6096
傳　真／02-2957-6435
作　者／村上理子
翻　譯／蔡麗蓉
裝幀·設計／高木善彥
責任編輯／邱凱蓉
內文排版／楊亞容
港澳經銷／泛華發行代理有限公司
定　價／450元
出版日期／2024年5月

國家圖書館出版品預行編目資料

管家日記：揭示英國上流貴族的黑色面紗 / 村上理子作；蔡麗蓉譯. -- 初版. -- 新北市：楓樹林出版事業有限公司, 2024.05
面；　公分
ISBN 978-626-7394-69-4（平裝）
1. 貴族階級 2. 生活史 3. 通俗作品 4. 英國
741.3　　113004235